全国中等卫生职业教育规划教材
供护理、助产及其他医学相关专业使用

# 营养与膳食指导

（修订版）

主　编　靳　平　冯　峰
副主编　赵　宏　王春梅
编　者　(以姓氏笔画为序)
王春梅　山东省临沂卫生学校
冯　峰　郑州市卫生学校
李淑玲　淄博职业学院护理学院
汪小斌　重庆市医药卫生学校
张丽英　黑河市卫生学校
赵　宏　辽宁省营口市卫生学校
靳　平　重庆市医药卫生学校

科学出版社
北　京

## 内 容 简 介

本书内容注重知识更新，力求避免内容偏深、偏难，结合岗位技能，优化创新教学内容，提高实用性和可读性。全书包括绪论、营养学基础、各类食物的营养价值、合理营养、食品科学与安全食品、特定人群的营养与膳食、特殊环境作业人群的营养与膳食、常见疾病的营养与膳食指导等章节及实践。每个章节都设有“学习要点”“重点提示”和“讨论与思考”，帮助学生进一步理解和掌握相关知识，并且优化数字化教辅内容，使之更便于教学。

本书供全国中等卫生职业院校护理、助产及其他医学相关专业使用。

**图书在版编目(CIP)数据**

营养与膳食指导／靳平，冯峰主编．—修订本．—北京：科学出版社，2016
全国中等卫生职业教育规划教材
ISBN 978-7-03-048653-0

Ⅰ．营…　Ⅱ．①靳…　②冯…　Ⅲ．①营养学-中等专业学校-教材②膳食-食物营养-中等专业学校-教材　Ⅳ．R151

中国版本图书馆 CIP 数据核字(2016)第 127604 号

责任编辑：郝文娜　杨小玲／责任校对：李　影
责任印制：李　彤／封面设计：黄华斌



科学出版社 出版
北京东黄城根北街 16 号
邮政编码：100717
http://www.sciencep.com
北京虎彩文化传播有限公司 印刷
科学出版社发行　各地新华书店经销
*
2016 年 6 月第　一　版　　开本：787×1092　1/16
2023 年 9 月第六次印刷　　印张：8 1/2
字数：195 000
**定价：19.00 元**
（如有印装质量问题，我社负责调换）

# 全国中等卫生职业教育规划教材
# 编审委员会
## （修订版）

# 全国中等卫生职业教育规划教材
# 教材目录
## （修订版）

# 全国中等卫生职业教育规划教材
# 修订说明

《全国中等卫生职业教育规划教材(护理、助产专业)》在编委会的组织下,在全国各个卫生职业院校的支持下,从2009年发行至今,已经走过了8个不平凡的春秋。在8年的教学实践中,教材作为传播知识的有效载体,遵照其实用性、针对性和先进性的创新编写宗旨,落实了《国务院关于大力发展职业教育的决定》精神,贯彻了《护士条例》,受到了卫生职业院校及学生的赞誉和厚爱,实现了编写精品教材的目的。

这次修订再版是在前两版的基础上进行的。编委会全面审视前两版教材后,讨论制定了一系列相关的修订方针。

1. *修订的指导思想* 实践卫生职业教育改革与创新,突出职业教育特点,紧贴护理、助产专业,有利于执业资格获取和就业市场。在教学方法上,提倡自主和网络互动学习,引导和鼓励学生亲身经历和体验。

2. *修订的基本思路* 首先,调整知识体系与教学内容,使基础课更侧重于对专业课知识点的支持、利于知识扩展和学生继续学习的需要,专业课则紧贴护理、助产专业的岗位需求、职业考试的导向;其次,纠正前两版教材在教学实践中发现的问题;最后,调整教学内容的呈现方式,根据年龄特点、接受知识的能力和学习兴趣,注意纸质、电子、网络的结合,文字、图像、动画和视频的结合。

3. *修订的基本原则* 继续保持前两版教材内容的稳定性和知识结构的连续性,同时对部分内容进行修订和补充,避免教材之间出现重复及知识的棚架现象。修订重点放在四个方面:①根据近几年新颁布的卫生法规和卫生事业发展规划及人民健康标准,补充学科的新知识、新理论等内容;②根据卫生技术应用型人才今后的发展方向,人才市场需求标准,结合执业考试大纲要求增补针对性、实用性内容;③根据近几年的使用中读者的建议,修正、完善学科内容,保持其先进性;④根据学生的年龄和认知能力及态度,进一步创新编写形式和内容呈现方式,以更有效地服务于教学。

现在,经过全体编者的努力,新版教材正式出版了。教材共涉及33门课程,可供护理、助产及其他相关医学类专业的教学和执业考试选用,从2016年秋季开始向全国卫生职业院校供应。修订的教材面目一新,具有以下创新特色。

1. 编写形式创新　在保留“重点提示，适时点拨”的同时，增加了对重要知识点/考点的强化和提醒。对内容中所有重要的知识点/考点均做了统一提取，标列在相关数字化辅助教材中以引起学生重视，帮助学生拓展、加固所学的课程知识。原有的“讨论与思考”栏目也根据历年护士执业考试知识点的出现频度和教学要求做了重新设计，写出了许多思考性强的问题，以促进学生理论联系实际和提高独立思考的能力。

2. 内容呈现方式创新　为方便学生自学和网络交互学习，也为今后方便开展慕课、微课等学习，除了纸质教材外，本版教材创新性提供了手机版 APP 数字化辅助教材和网络教学资源。其中网络教学资源是通过网站形式提供教学大纲和学时分配以及讲课所需的 PPT 课件（包含图表、影像等），手机版数字化教辅则通过扫描二维码下载 APP，帮助学生复习各章节的知识点/考点，并收集了大量针对性强的各类练习题（每章不低于 10 题，每考点 1~5 题，选择题占 60% 以上，专业考试科目中的案例题不低于 30%，并有一定数量的综合题），还有根据历年护士执业考试调研后组成的模拟试卷等，极大地提高了教材内涵，丰富了学习实践活动。

我们希望通过本次修订使新版教材更上一层楼，不仅继承发扬该套教材的针对性、实用性和先进性，而且确保其能够真正成为医学教材中的精品，为卫生职教的教学改革和人才培养做出应有的贡献。

本套教材第 1 版和第 2 版由军队的医学专业出版社出版。为了配合当前实际情况，使教材不间断地向各地方院校供应，根据编委会的要求，修订版由科学出版社出版，以便为各相关地方院校做好持续的出版服务。

感谢本系列教材修订中全国各卫生职业院校的大力支持和付出，希望各院校在使用过程中继续总结经验，使教材不断得到完善和提高，打造真正的精品，更好地服务于学生。

编委会

2016 年 6 月

# 修订版前言

《营养与膳食指导》是全国中等卫生职业教育规划教材之一，是以全面贯彻《国务院关于大力发展职业教育的决定》的精神为指导，提高中职卫校学生整体素质为目的，开发具有中等卫生职业教育特色的教材体系为手段的重要尝试。

我们坚持“必需为准、够用为度”“服务发展，促进就业”等基本原则，在课程结构上，紧扣护理执业资格的标准和教学大纲的基本要求，注重知识更新，力求避免内容偏深、偏难；在课程内容上，结合岗位技能，对教学内容进行优化创新，提高实用性和可读性。

本教材包括绪论、营养学基础、各类食物的营养价值、合理营养、食品科学与安全食品、特定人群的营养、特殊环境作业人群的营养与膳食、常见疾病的营养与膳食指导等章节。此外，还安排了实践，以提高学生的实践技能。每个章节都设有“学习要点”“重点提示”和“讨论与思考”，从而帮助学生进一步理解和掌握相关知识，并且优化数字化教辅内容，使之更便于教学。

本教材主要适用于中等卫生职业教育护理、助产、农村医学等专业的教师和学生。

在本教材修订过程中，得到了参编老师所在学校的大力支持，在此表示由衷的感谢！

由于编者水平有限，若有不妥或疏漏之处，恳请广大师生和同仁批评指正。

编　者

2016年6月

# 目　录

# 第1章

# 绪 论

**学习要点**

1. 营养、营养素的概念
2. 基本内容与学习目的

俗语云:民以食为天,自古以来,食物就与人类息息相关。人类为了生存、生活、劳动,不断从外界摄取食物。随着人类社会的发展,人们对食物的了解不断丰富和深入,特别是近代,随着科技进步,营养学逐渐发展成为一门在保障、增进健康等方面发挥重要作用的学科。

## 一、营养与膳食的基本概念

所谓营养,是人体摄取食物,经过体内消化、吸收、代谢,利用食物中对人体健康有益的物质,满足机体生理需要,并促进健康的过程。食物中能提供维持生命、促进机体生长发育和健康的化学物质叫营养素。营养素为人体提供能量、构成机体和组织修复和(或)具有生理调节功能。人体所需的营养素有蛋白质、糖类、脂类、无机盐、维生素和水六大类。其中蛋白质、糖类和脂类可以产生能量,称为产能营养素。人类赖以生存的营养素主要由食物提供。食物经过加工、烹调处理,成为可以食用的饭菜,即称为膳食。膳食是人类获取营养素的最佳途径。

营养学是《营养与膳食指导》的理论基础,它是研究食物与机体的相互作用,以及食物营养成分在机体的分布、消化、吸收、代谢等方面的一门科学。营养学属于自然科学范畴,可应用于指导群体或个体的饮食安排、平衡膳食、预防保健,既关系到每个人的健康状况和生活质量,更关系到全民族的健康素质和生产力水平,可以改善国民体质,促进社会经济发展。

## 二、我国营养学的发展

我们的祖先很早就认识到膳食在健康中的重要作用。西周儒家典籍《周礼·天官》记载,当时的官方有"食医、疾医、疡医、兽医"职业,其中"食医"就是专事饮食营养的医生,相当于现代的营养师,列为诸医之首。两千多年前中医经典著作《黄帝内经·素问》即提出"五谷为养,五果为助,五畜为益,五菜为充",意思是谷物和豆类作为养育人体的主食,水果和坚果有助养生和健身，禽畜肉类对人体有补益作用，蔬菜可充饥腹、促健康。这可谓是最早的“膳食指南”。东汉张仲景《伤寒杂病论》提出了“辨体施食”的饮食养生原则和“辨证施食”的饮食治疗原则，记载了“当归生姜羊肉汤”等著名药膳。唐代孙思邈《备急千金要方》首设“食治”专篇（卷二十六 食治方），分“果实、菜蔬、谷米、鸟兽”，阐释了一百多种食物的性味和作用，强调以食治病。我国现存的第一部完整的饮食养生专著是元代饮膳太医忽思慧所撰的《膳食正要》，其内容包括食疗食膳、饮食制作、饮食宜忌等。明清时期出版了《食物本草》《随息居饮食谱》等多部中医饮食营养方面的专著。综观我国医学和食疗专著对饮食和养生的记载，无不贯穿着“天人合一”的自然观、人体自身的整体观和药食同源、食药同理的辩证思想，强调人类应了解自然规律，按照自然规律选择食物、养护身心。这些宝贵的遗产为我们今天研究营养学开拓了广阔的空间。

现代营养学的形成和发展可追溯到18世纪，从碳、氢、氧、氮的确定，到建立食物组成和物质代谢的概念、氮平衡学说等，为现代营养学的形成奠定了坚实的基础。对氨基酸、脂肪酸、维生素及各种营养素的发现和认识，使现代营养学得到了进一步发展。20世纪初，营养学进入发展的鼎盛时期，我国也建立了现代营养学。

我国于1945年成立中国营养学会，随着新中国的诞生，我国第一次出版了自己的《食物成份表》，并创建了《中国营养学报》，先后在1959年、1982年、1992年、2002和2010年进行了五次全国营养调查，取得了我国居民膳食营养状况的系统资料，为营养学的研究积累了大量宝贵数据。改革开放以来，人民生活水平日益提高，人们对健康的认识逐步全面、深入，国民饮食状况从“吃饱求生存”向“吃好求健康”发展。我国于1989年首次发布《中国居民膳食指南》，之后结合群众健康需要和生活实际的发展变化，于1997年、2007年、2016年分别发布修订后的第二、三、四版膳食指南，同时制作了“膳食宝塔”等可视化图形，对膳食指南进行了量化和形象化的表达，指导大众在日常生活中进行具体实践。

2014年1月，国务院办公厅发布《中国食物与营养发展纲要（2014～2020年）》。这是继《九十年代中国食物结构改革与发展纲要》《中国食物与营养发展纲要（2001～2010年）》之后，我国政府制定的第三份关于食物与营养发展的纲领性文件。确立营养纲要的主要目的是动员全社会的力量参与营养改善行动，切实解决营养与健康、膳食与疾病问题，实现全国人民的健康目标。

## 三、基本内容与学习目的

本教材共分八章，在知识结构上包括三个部分。第一部分为基础营养。主要阐明营养学方面的基础知识，包括各种营养素的生理功能、食物来源、供给量和各类食物的营养价值。第二部分为公共营养。主要阐述合理营养、食品科学与安全食品、各种人群的营养。第三部分为临床营养。主要阐述常见疾病的相关营养因素和膳食指导。

通过学习营养与膳食，可以使学生达到以下要求：

1. 具有关注健康、预防为主的意识。
2. 具有严谨求实的工作作风和良好的职业道德。
3. 掌握营养与膳食有关基本概念、基本理论。
4. 初步具备针对不同个体开展营养与膳食指导的基本技能。
5. 初步具备从事社区营养健康教育工作的基本技能。

## 讨论与思考

1. 营养素有何重要作用？
2. 学习《营养与膳食指导》有何意义？

（靳 平）

# 第 2 章

# 营养学基础

**学习要点**

1. 蛋白质、糖类和脂类的生理功能及良好的食物来源

2. 钙、铁、锌、碘、硒的生理功能及良好的食物来源

3. 维生素 A、维生素 D、维生素 E、维生素 $B_1$、维生素 $B_2$、维生素 PP、维生素 C 的生理功能及良好的食物来源

**案例分析**

案例 1　1887 年,清政府在德国购买了几艘军舰,派水兵从当年 7 月 25 日出发,驶向国内,10 月 26 日到港。途中主要以精米为食,有很多水兵患病,表现为“患腿肿,不数日上攻于心,肿至腰际即不治”。另外,还有精神萎靡、食欲不振、消化不良、体重下降等表现。当时船上没有冷藏设备,很少吃到蔬菜和肉类。

分析:

这些水兵患的什么病?

案例 2　2004 年,在安徽省阜阳县一些农村,有的婴儿患了一种奇怪的疾病,其共同特征是头大、嘴小、水肿、低热,头与四肢不成比例,被当地人称为“大头娃娃”。当时这样的婴儿有 200 多例,其中 13 例死亡。

调查结果表明,这些婴儿食用的奶粉蛋白质含量极低,大多数奶粉的蛋白质含量只有 2%~3%,甚至只有 0.37%;而国家卫生标准规定:婴儿奶粉蛋白质含量为12%~18%。

分析:

这些婴儿患了什么病?营养素和机体健康有什么关系?

# 第一节　能　　量

能量代谢是营养学研究的重要内容。人体为了维持生命代谢和从事体力活动,每天必须从食物中获取足够的能量和营养素,食物中能产生能量的营养素是糖类、脂肪和蛋白质。人体长期摄入过多能量,会引起脂肪贮存而发生肥胖,但是,若长期摄入的能量不足,会导致生长发育迟缓、消瘦,甚至死亡。

## 一、能量的单位

营养学使用的能量单位有千焦(kJ)、兆焦(MJ)。1J 是用 1N 的力把 1kg 的物体移动 1m 所需要的能量。传统应用中,能量用千卡(kcal)为单位。1kcal 指 1L 纯水从 15℃上升到 16℃所需要的能量。其换算关系是:

$$1\text{kcal}=4.184\text{kJ}\qquad 1\text{kJ}=0.239\text{kcal}$$

## 二、能量的来源

人体所需要的能量来源于糖类、脂肪和蛋白质三大产能营养素。每克产能营养素在体内氧化所产生的能量值叫作“食物的热价”,也叫“食物的能量卡价”或称“能量系数”。

三大营养素在体内氧化实际产生的能量为:1g 糖类产生能量 16.7kJ(4.0kcal);1g 脂肪产生能量 37.7kJ(9.0kcal);1g 蛋白质产生能量 16.7kJ(4.0kcal)。

## 三、能量的消耗

人体对能量的需要取决于其对能量的消耗量。正常成人的能量消耗主要包括基础代谢、体力活动和食物热效应,对于生长发育期的儿童及孕妇、哺乳期妇女等特定群体还要满足其特殊的生理需要。

### (一)基础代谢

基础代谢是指人体维持最基本生命活动所必需的最低能量代谢。即在清晨、安静、空腹状态下,不受精神紧张、肌肉活动、食物和环境温度等因素影响的能量代谢。这时的能量消耗主要用于维持呼吸、心跳、体温、血液循环和细胞代谢等基本生命活动。

### (二)体力活动

体力活动是影响人体能量消耗的主要因素。生理特点接近的人,基础代谢消耗的能量是接近的,但进行体力活动时,活动强度的大小、时间长短、动作的熟练程度会影响能量的消耗。能量消耗的主要特点:①肌肉越发达者,能量消耗越多;②体重越大者,能量消耗越多;③劳动强度越大、持续时间越长,能量消耗越多;④工作的熟练程度越差,能量消耗越多。

### (三)食物热效应

食物热效应是指由于进食引起能量消耗额外增加的现象,也叫食物特殊动力作用。人体在摄取食物的过程中,由于要对食物中的营养素进行消化、吸收、代谢和转化等,这些过程都要额外消耗能量。一般进食混合膳食时约增加基础代谢的 10%。进食糖类可使能量消耗增加 5%~6%,进食脂肪可使能量消耗增加 4%~5%,进食蛋白质可使能量消耗增加 30%~40%。

**重点提示**

对于人体来说，食物的热效应是一种损耗，而不是效益。

**（四）生长发育及其他因素**

在生长发育期，能量消耗还包括生长发育所需要的能量。另外，孕妇的能量消耗则包括自身和胎儿发育等所需的能量。情绪和精神状态对能量消耗亦有影响，如精神紧张地工作，可使大脑的活动加剧，能量代谢增加。

# 第二节　蛋　白　质

蛋白质是化学结构比较复杂的一类有机化合物，是人体的重要组成成分，占体重的16%～19%。

## 一、生理功能

**（一）构成和修复组织**

蛋白质是生命的物质基础，是生命存在的基本形式。构成人体的基本单位是细胞，而细胞的主要成分是蛋白质和水，人体的一切组织器官，如心、肝、肾、骨骼、肌肉、牙齿等都含有蛋白质。可以说，没有蛋白质就没有生命。

**（二）参与调节生理功能**

人体生命活动的正常进行，有赖于多种具有生理活性物质的调节。蛋白质参与构成多种生命活性物质，从而调节生理功能，如催化和调节代谢过程的酶和激素，起运载氧作用的血红蛋白，维持机体抵抗力的抗体等。这些物质的本身就是蛋白质或以蛋白质为主要的构成成分。另外，蛋白质在体内还有调节渗透压、维持体液平衡的作用。

**（三）供给能量**

蛋白质是三大产能营养素之一。每克蛋白质在体内氧化后可供给16.74kJ（4.0kcal）的能量。但是，供能是蛋白质的次要功能，只有当糖类和脂肪供应不足时它才会被动用释放能量。

## 二、氨　基　酸

**（一）必需氨基酸**

氨基酸是组成蛋白质的基本单位。组成人体蛋白质的氨基酸有20余种，有一部分可以在体内合成；有9种则不能在体内合成或合成速度满足不了机体的需要，必须由食物供给，因而，它们被称为必需氨基酸，它们是异亮氨酸、亮氨酸、赖氨酸、蛋氨酸、苯丙氨酸、苏氨酸、色氨酸、缬氨酸和组氨酸。

**（二）氨基酸模式**

人体必需氨基酸不仅有种类和数量要求，而且还有比例要求，只有氨基酸的种类齐全、数量充足和比例恰当，才能使其组成的蛋白质被机体充分利用。某种蛋白质中各种必需氨基酸的构成比例被称为氨基酸模式。食物蛋白质的氨基酸模式越接近人体蛋白质的氨基酸模式，其在体内被利用的程度就越高。一般动物性蛋白和大豆蛋白的氨基酸模式与人体接近,有利于吸收,其营养价值较高,属于优质蛋白质。因此,在饮食中提倡食物多样化,即将多种食物混合食用,使氨基酸模式更接近于人体需要,以提高蛋白质的营养价值,这种现象被称为“蛋白质的互补作用”。

组成蛋白质的氨基酸必须同时存在才能合成蛋白质。然而,由于机体内氨基酸的储存量很少,所以,膳食中不同蛋白质必须在同一餐进食时一起摄入才能起到互补作用。因此,为了充分发挥食物蛋白质的互补作用,在膳食调配中应遵循以下三个原则:①食物的生物学种属相距越远越好;②搭配食物的种类越多越好;③食用时间越近越好。

**重点提示**

机体内氨基酸的储存量是有限的,因此,不同蛋白质必须同时摄入才能提供足够的氨基酸,满足机体合成蛋白质的需要。

## 三、营养价值评价

### (一)含量

各种食物蛋白质的营养价值因氨基酸模式不同而存在差异。总的来说,动物性蛋白质的营养价值高于植物性蛋白质的营养价值。评价食物蛋白质营养价值主要从“质”(被机体利用的程度)和“量”(食物中蛋白质的含量)两个方面考虑。

各种食物蛋白质的含氮量比较恒定。大多数蛋白质的含氮量为 16%,即每克氮相当于 6.25g 的蛋白质,因而 6.25 被确定为蛋白质的换算系数。在实际工作中,开始一般采用凯氏定氮法测出食物中的含氮量,然后乘以换算系数,即可得到食物蛋白质的含量。

各类食物中,大豆类蛋白质含量最高(30%~40%),肉类次之(12%~20%),粮谷类较低(<10%),蔬菜、水果最低(1%~2%)。

### (二)消化率

蛋白质的消化率是反映食物蛋白质在消化道内被分解和吸收程度的一项指标,即指蛋白质在消化道内被吸收的蛋白质占摄入蛋白质的百分比。蛋白质消化率越高,表明该蛋白被机体消化利用的程度越高,营养价值就越高。植物性蛋白被纤维素包裹,与消化酶接触程度较差,故消化率比动物蛋白质低,如蛋类消化率为 98%,肉类为 92%~94%,面制品为 80%,土豆为 74%。植物性食物被加工烹调以后,纤维素被破坏或去除,可以提高消化率,如食用整粒黄豆,消化率为 65%,将黄豆加工为豆腐或豆浆后,消化率可达 90% 以上。

### (三)生物学价值

蛋白质的生物学价值是指蛋白质在体内被利用的程度。生物价值越高,表明其吸收后被机体利用的程度越高,其营养价值就越高。

食物蛋白质的生物学价值各不相同的,一般动物性食物的生物价值高于植物性食物。常见食物蛋白质的生物学价值见表 2-1。

表 2-1 常见食物蛋白质的生物学价值

| 食物种类 | 生物学价值 | 食物种类 | 生物学价值 |
|---|---|---|---|
| 鸡蛋黄 | 96 | 牛肉 | 76 |
| 全鸡蛋 | 94 | 猪肉 | 74 |
| 牛奶 | 90 | 鱼 | 83 |
| 白菜 | 76 | 大米 | 77 |
| 豆腐 | 65 | 熟黄豆 | 64 |
| 玉米 | 60 | 花生 | 59 |
| 小米 | 57 | 高粱 | 56 |

食物合理搭配可使蛋白质的生物学价值明显提高，见表 2-2。

表 2-2 几种粮食混合后蛋白质的生物学价值

| 食物种类 | 生物学价值 | 粮食的组成(%) | | |
|---|---|---|---|---|
| | | 1 | 2 | 3 |
| 高粱 | 56 | 30 | - | - |
| 玉米 | 60 | 50 | 75 | 40 |
| 小米 | 57 | - | - | 40 |
| 黄豆 | 65 | 20 | 25 | 20 |
| 混合后的生物学价值 | - | 75 | 76 | 83 |

## 四、食物来源和供给量

蛋白质广泛存在于动植物食物中。动物性食物，如肉、鱼、蛋、奶的蛋白质含量一般在10%～20%，均属于优质蛋白质；植物性食物中，豆类的蛋白质含量较高，大豆的蛋白质含量为30%～40%，且氨基酸的组成比较合理，在体内的利用率较高，是植物蛋白质中良好的蛋白质来源。谷类含蛋白质一般不足10%，但由于它的摄入量比较大，所以，谷类仍然是我国居民膳食蛋白质的主要来源。

我国营养学会制定的我国居民膳食蛋白质推荐量为：正常成年男、女轻体力劳动分别为75g/d 和 65g/d；中等体力劳动分别为 80g/d 和 70g/d；重体力劳动分别为 90g/d 和 80g/d。膳食中蛋白质提供的能量占总能量的10%～15%为宜。儿童和青少年为12%～15%，以满足生长发育的需要；成人为10%～12%，以保证正常生理功能的维持。

# 第三节 脂 类

脂类包括脂肪和类脂，正常人体内脂类占体重的14%～19%，是人体重要的组成成分。脂肪一般指中性脂肪，由一分子甘油和三分子脂肪酸组成，故又称为三酰甘油。脂肪主要分布在皮下、大网膜、肠系膜、重要脏器周围和组织间隙。

类脂主要有磷脂、糖脂和胆固醇等，约占体重的 5%，分布于全身各组织，尤其以神经组织含量最高。

## 一、生 理 功 能

1. 脂肪是高能食物，1g 脂肪在体内氧化产生 37.7kJ(9kcal)能量。当机体摄入能量过多或没有很好利用，能量可以转化为脂肪组织，贮存在机体。脂肪是能量的主要贮存形式。

2. 构成生物膜，维持细胞结构和功能。

3. 促进脂溶性维生素的吸收：食物中的脂溶性维生素必须溶解于脂肪才能被机体吸收，如果膳食中缺乏脂肪或某种原因引起脂肪吸收障碍时，可以导致脂溶性维生素不足或缺乏。

4. 提供必需脂肪酸。

5. 维持体温、保护脏器：皮下脂肪可防止机体热量散发而起到保温作用。重要脏器周围的脂肪则可缓冲机械冲击而避免内脏损伤。

6. 改善食物感官性状，增加饱腹感。

## 二、必需脂肪酸

必需脂肪酸是机体不能合成的，必须由食物提供来满足生命活动需要的某些脂肪酸，如亚油酸和 α-亚麻酸。必需脂肪酸在体内有多种生理功能。

1. *组成组织细胞*　必需脂肪酸缺乏可致细胞膜和毛细血管通透性增加，出现湿疹样病变。

2. *参与胆固醇代谢*　体内胆固醇与必需脂肪酸结合才能进行正常代谢。

3. *促进精子形成*　膳食中长期缺乏必需脂肪酸，会出现生长不良、不孕症、乳汁合成和分泌障碍。

## 三、磷脂和胆固醇

最重要的磷脂是卵磷脂。磷脂不仅是生物膜的重要组成成分，而且对脂肪的吸收、运转及储存脂肪酸起着重要作用，它主要来源于蛋黄、瘦肉、脑、肝和肾中，机体自身也能合成所需要的磷脂。

人体胆固醇一方面来源于食物，如肉类、动物内脏、动物脑、蛋黄和奶油等，另一方面还可以由人体合成。胆固醇是许多生物膜的重要组成成分，是合成胆汁酸和维生素 $D_3$ 的重要原料，能合成肾上腺皮质激素、调节机体的物质代谢过程。但是，胆固醇过多也是引起动脉粥样硬化的重要物质基础。

膳食纤维可减少胆固醇的吸收，牛奶可抑制胆固醇的合成，大豆可加速胆固醇的排泄，菌类食物可以降低血浆胆固醇水平。

## 四、营养价值评价

1. *消化率*　脂肪的消化率与其熔点密切相关，熔点越低，越容易消化，如在室温下液态的脂肪消化率可高达 97% ~98%；熔点高于体温的脂肪，其消化率约 90%。

2. *必需脂肪酸的含量*　必需脂肪酸中亚油酸含量最为重要，必需脂肪酸含量越高营养价值越高。一般植物油中亚油酸含量高于动物脂肪，其营养价值优于动物脂肪。亚油酸能明显降低血胆固醇,而饱和脂肪酸能增高血胆固醇。

3. 脂溶性维生素的含量　脂溶性维生素含量高,则脂肪的营养价值也高。维生素 A 和维生素 D 存在于多数食物的脂肪中,维生素 E 广泛分布于动植物组织内,其中以植物油类含量最高。

## 五、食物来源和供给量

人类膳食脂肪主要来源于动物脂肪、植物油和其他含油脂食物。动物性食物主要有猪、牛、羊肉的脂肪及骨髓、肥肉、动物内脏、奶脂、蛋类及其制品;植物性食物主要有各种植物油和坚果,如花生油、菜籽油、豆油、玉米油、葵花子油、花生、芝麻、核桃等。

我国营养学会推荐脂肪的摄入量占全日摄入总能量的 20% ~ 30%,建议每人每日烹调用油为 25g,18 岁以上人群每日胆固醇摄入量不超过 300mg。

另外,膳食脂肪的摄入量受生产情况、气候条件、饮食习惯的影响,不同国家、不同民族摄入量有较大的差异。

## 六、与健康的关系

脂类对机体来说固然重要,但是脂肪摄入过多,尤其是饱和脂肪酸摄入过多,则会导致肥胖、心血管疾病等慢性病的发生,也会增加乳腺癌、结肠癌发生的危险性。

### (一)卵磷脂

卵磷脂有以下几方面功能。

1. 保护肝脏　卵磷脂对脂肪有亲和力,可预防脂肪肝、肝硬化。

2. 预防动脉粥样硬化　卵磷脂可增加血液循环,改善血清脂质,降低血清胆固醇,预防和治疗动脉粥样硬化。

3. 利于降血糖　卵磷脂不足,能使胰岛素分泌下降,导致血糖增高。

4. 维持和促进神经系统功能　卵磷脂可使大脑神经系统保持健康状态,减缓记忆力衰退,预防老年痴呆。

### (二)二十二碳六烯酸(DHA)

DHA 俗称脑黄金,是一种非常重要的多不饱和脂肪酸,主要功能如下。

1. 改善老年痴呆　DHA 能增强脑细胞活性,提高记忆力,预防老年痴呆。

2. 预防心脑血管疾病　DHA 能降血脂、预防血栓形成和预防动脉粥样硬化,对心脑血管疾病有很好的防治效果。

3. 影响胎儿智力和视力发育　DHA 是大脑和视网膜的重要构成成分,大脑皮质含量约 20%,视网膜中 DHA 约占 50%。

4. 改善炎症和预防癌症　DHA 可改善关节炎、炎性肠病的治疗效果,抑制乳腺癌和前列腺癌。

### (三)胆固醇

胆固醇不仅组成生物膜,而且是合成固醇激素、维生素 D 及胆汁酸的前体。胆固醇在体内可以转变为 7-脱氢固醇,经阳光照射,进一步转变为维生素 $D_3$。体内胆固醇过多,会引起高胆固醇血症,促进动脉粥样硬化的形成。

**(四)反式脂肪酸**

反式脂肪酸是指含一个以上独立反式构型双键的不饱和脂肪酸。食物中反式脂肪酸主要来自氢化植物油,如人造黄油。在制作饼干、月饼、薯条、咖啡伴侣和反复高温的油炸食品中均含有较多的反式脂肪酸。摄入较多的反式脂肪酸可使血浆中的低密度脂蛋白升高,高密度脂蛋白减少,增加冠心病的危险性,反式脂肪酸还可以导致糖尿病和肥胖者的发生。

# 第四节　糖　　类

糖类是一类由碳、氢、氧三种元素构成的有机物,糖类结构中氢与氧的比例为 2:1,与水分子相同,因其大多具有甜味,故被称为糖类,以前称碳水化合物。

## 一、分类和组成

糖类按其结构可分为单糖、双糖、寡糖和多糖。

**(一)单糖**

1. 单糖　单糖是最简单的糖,不能再被直接水解为分子更小的糖,常见单糖有葡萄糖、果糖、半乳糖。

2. 葡萄糖　葡萄糖是构成食物中各种糖类的最基本单位,是人体血液中主要的糖,葡萄糖可以直接被人体利用,在临床上可以通过静脉注射。

3. 果糖　果糖主要存在于各类水果中,蜂蜜中含量最丰富,是天然糖中最甜的。果糖不易被细胞直接利用,需要先在肝脏中转化为葡萄糖。

**(二)双糖**

双糖主要有蔗糖、乳糖、麦芽糖等。蔗糖在甜菜和甘蔗中含量丰富。麦芽糖是淀粉的分解产物,在麦芽中含量较多。

乳糖只存在于人和哺乳动物的乳汁中,乳糖利于钙的吸收,利于肠道有益菌的生长。

**(三)低聚糖**

低聚糖又称寡糖,被水解后能生成 3~9 分子单糖。重要的低聚糖有棉籽糖、水苏糖、低聚果糖、大豆低聚糖等。其甜度通常只有蔗糖的 30%~60%。其中,低聚糖主要存在于水果、蔬菜中,如洋葱、大蒜、香蕉等。它难以被人体消化吸收,被认为是一种水溶性膳食纤维。低聚果糖易被大肠双歧杆菌利用,是双歧杆菌的增殖因子。

**(四)多糖**

多糖为水解后能生成 10 个及以上单糖的糖类。多糖一般不溶于水,无甜味。能被吸收的多糖主要有淀粉和糖原,不能被吸收的多糖主要有纤维素、半纤维素、果胶,与木质素等植物成分构成膳食纤维。

## 二、生 理 功 能

1. 供给和贮存能量　糖类是机体所需能量最主要、最经济的来源。每克葡萄糖在体内氧化可产生 16.7kJ 的能量。糖类在体内释放能量快、供能也快,对提高工作效率有重要意义。

2. 构成机体组织及细胞　糖类也是机体的重要组成物质。它可以与蛋白质或脂类形成复合结构,参与机体构成,如构成细胞膜的糖蛋白。

3. 抗生酮作用　当糖类摄取不足时，体内大量脂肪被动用，脂肪氧化不完全可产生过量酮体，从而引起酮血症和酮尿症。因而，充足的糖类摄入，具有抗生酮作用。

4. 节约蛋白质作用　膳食中糖类供应不足时，机体就要动用体内蛋白质，甚至是器官中的蛋白质转化为葡萄糖供给能量，久之就会对人体造成损害；当摄入足够的糖类时，机体就不需要动用蛋白质来供能，体内蛋白质可进行其特有的生理功能而避免被作为能量消耗，即糖类具有的节约蛋白质的作用。

5. 解毒作用　糖类经代谢生成的代谢物与进入肝脏的有毒物质结合后，能使其毒性降低或失去生物活性，从而起到解毒保肝作用。

## 三、膳食纤维

膳食纤维一般为植物细胞壁的成分，包括纤维素、半纤维素、木质素和果胶等。

### （一）生理功能

1. 调节胃肠　膳食纤维素可以使大便保留水分，促进肠蠕动，缩短大便在肠道的停留时间，减少有害物质对肠道的刺激，因此，膳食纤维可以预防结肠癌的发生。

2. 降血脂　纤维素可以吸附胆汁酸，使脂肪和胆固醇的吸收率下降，起到降血脂作用。

3. 降血糖　膳食纤维可增加组织细胞对胰岛素的敏感性，降低对胰岛素的抵抗，调节血糖水平。

4. 控制体重　膳食纤维能减缓食物由胃进入肠道的速度，产生饱腹感，防止能量摄入过多，有利于控制体重。

但是，膳食纤维也不能摄入过多，否则就会出现腹胀、大便次数增加等不良现象，也不利于铁和锌的吸收。

### （二）膳食纤维的来源

植物性食物含有较丰富的纤维素，如粮谷类的谷皮、薯类、蔬菜和水果等。

一般正常人每日摄入纤维素的量为25～35g，有习惯性便秘者可适当增加。

## 四、食物来源和供给量

糖类的食物来源主要是植物性食物。如粮谷类（70%～75%）、薯类（20%～25%）、豆类、蔬菜、水果、含淀粉多的坚果（如栗子、菱角），纯糖类食物还包括糖果、酒类、饮料等。

我国营养学会推荐糖类的适宜摄入量供能占总能量的55%～65%。膳食中的糖类供能占总能量的比例大于80%和小于40%都对健康不利。

## 五、与健康的关系

糖类是人体的重要组成部分，占人体干重的2%，糖类是一切生物体维持生命活动所需能量的主要来源，它不仅是营养物质，还具有特殊的作用。如血型中的糖类与免疫活性有关，核糖和脱氧核糖也含有糖类。

如果膳食中糖类过少，可造成蛋白质浪费，还可以造成血糖降低，出现头晕、心悸、脑功能障碍等，严重者可出现低血糖昏迷。

膳食中糖类摄入比例过高，人体会将过剩的糖类转变为脂肪贮存起来，导致血糖和血脂升高，人体发胖，从而增加患动脉硬化、冠心病、糖尿病等多种慢性疾病的风险。

# 第五节 无 机 盐

人体的一切组织都是由各种化学元素组成的,这些元素除碳、氢、氧、氮以有机物的形式存在外,其余统称为无机盐或矿物质。根据每一种元素在体内所占的比例和机体对其所需量的多少,分为宏量元素和微量元素。在体内的含量大于体重 0.01% 的称为宏量元素或常量元素,主要有钠、钾、钙、磷、镁、氯、硫等。在体内的含量低于体重 0.01% 的称为微量元素,主要有铁、铜、钴、碘、氟、锰、钼、镍等。机体本身不能生成矿物质,必须由食物提供,对维持机体正常生理功能所需要的无机盐又称为必需元素。

无机盐在体内的功能可归纳为:①构成机体组织;②与蛋白质协同维持组织细胞渗透压和酸碱平衡;③维持神经肌肉的兴奋性和细胞膜的通透性;④构成体内生理活性物质。

无机盐不能在体内生成,必须靠食物来提供。机体每天通过代谢,有一部分无机盐通过毛发、汗液、大小便排出体外,所以,必须通过膳食补充。

无机盐的分布很广,正常人的正常膳食能够满足需要。我国居民普遍缺乏的是钙、铁、锌,在某些特殊环境中还缺乏碘或硒。

## 一、钙

钙是体内含量最多的无机盐,占体重的 1.5% ~ 2%。成人体内钙含量约 1200g,其中 99% 集中在骨骼和牙齿中,其余则以游离或结合形式存在于体液和软组织中,这部分钙统称为混溶钙池。骨骼中的钙和混溶钙池中的钙维持着动态平衡。人的年龄越小,骨骼的更新速度越快,随着年龄的增加,钙在骨组织中的含量逐渐下降。

### (一)生理功能

1. 钙是构成骨骼和牙齿的主要成分。
2. 维持神经肌肉的兴奋性。
3. 维持细胞膜的通透性和细胞内外液的渗透压。
4. 参与凝血过程。
5. 钙是多种酶的激活剂。
6. 维持机体的酸碱平衡。

### (二)影响钙吸收的因素

1. 维生素 D 促进钙的吸收。
2. 乳糖与钙形成可溶性低分子物质,有利于钙的吸收。
3. 适量的蛋白质可与钙结合成可溶性络合物,促进钙的吸收。
4. pH 对钙的吸收有一定影响。
5. 食物中的植酸、草酸均不利于钙的吸收。
6. 膳食纤维不利于钙的吸收。
7. 膳食脂肪含量过高或脂肪消化不良时可影响钙的吸收。
8. 随着年龄的增加,机体对钙的吸收逐渐减少。

**重点提示**

在日常膳食中，食物中并不缺少钙，主要是有些因素影响了钙的吸收，导致机体缺钙。

**(三)钙的缺乏与过量**

如果膳食中长期钙缺乏可引起骨骼病变，如儿童佝偻病、成年人骨质软化症及老年人骨质疏松症。

**(四)钙的食物来源和供给量**

钙的良好食物来源是奶和奶制品，不仅钙含量丰富，而且吸收率高。豆类、豆制品、坚果类也是钙的较好来源，虾皮、海带、发菜、芝麻酱等含钙量亦特别高。

我国营养学会推荐我国居民钙的摄入量：婴儿 300~400mg/d；儿童和青少年 600~1000mg/d；成人 800mg/d；孕妇 1000~1200mg/d；乳母 1200mg/d。

## 二、铁

铁是人体所必需微量元素中含量最多的一种，成人体内为 3~5g，60%~70%存在于血红蛋白中，其余存在于肝、脾和骨髓中。铁在体内的含量还随年龄、性别、营养状况和健康水平而有很大的个体差异。

**(一)生理功能**

1. 参与血红蛋白和肌红蛋白的合成。
2. 参与体内氧与二氧化碳的转运、交换和组织呼吸过程。
3. 与红细胞的形成和成熟有关。
4. 参与抗体的产生、脂类的转运及肝脏的解毒。

**(二)影响铁吸收的因素**

1. 膳食中的柠檬酸、抗坏血酸、维生素 A、动物蛋白、果糖等促进铁的吸收。
2. 动物性食物如鱼、肉、禽类中所含的铁吸收率较高。
3. 食物中的植物、草酸等抑制铁的吸收。
4. 摄入过量的膳食纤维会干扰铁的吸收。
5. 胃酸缺乏或服用抗酸药物时，铁的吸收率降低。

**(三)铁的缺乏与过量**

膳食中可利用的铁长期不足可导致缺铁性贫血，特别是婴幼儿、青少年、孕妇、乳母及老年人更容易发生。

铁缺乏的儿童心理活动异常、易烦躁，甚至智力发育障碍；成人则表现为冷漠呆板，进一步发展则出现面色苍白，口唇黏膜和眼结膜苍白，有疲劳乏力、食欲下降、头晕、心悸、指甲脆薄、反甲等临床表现。

**重点提示**

铁摄入过量可引起中毒。急性中毒常见于误服过量铁剂,多见于儿童,主要表现为消化道出血、血性腹泻、凝血功能不良、代谢性酸中毒、休克甚至死亡。

**(四)铁的食物来源和供给量**

铁广泛存在于各种食物中,但分布极不均衡,膳食中铁的良好来源主要是动物肝脏、动物全血和红肉类(如牛、羊肉);含铁较高的植物性食物有蘑菇、黑木耳、芝麻等。

铁的需要量受机体状况的影响。我国营养学会推荐成人铁的摄入量男性为12mg/d,女性为20mg/d;可耐受最高摄入量男女均为50mg/d。

## 三、锌

锌广泛分布在人体各组织器官。成人体内锌含量为2.0~2.5g,以肌肉、视网膜、前列腺较高。血液中75%~85%的锌分布在红细胞中,其余在血浆中。

**(一)锌的生理功能**

1. 参与体内多种金属酶的组成或作为酶的激活剂。
2. 促进机体的生长发育和组织再生。
3. 维持正常味觉、促进食欲。
4. 促进性器官和性功能的正常发育。
5. 参与免疫功能。
6. 锌在保护皮肤健康及维生素A的代谢中也有一定作用。

膳食中长期缺锌可以出现:儿童生长发育迟缓、味觉减退甚至丧失、食欲减退、性发育障碍、性功能减退、创伤不易愈合、易感染。还可表现为皮肤干燥、粗糙、面部痤疮及复发性口腔溃疡、暗适应能力下降等。孕妇缺锌可导致胎儿发生中枢神经系统先天性畸形。

**(二)锌的食物来源和供给量**

一般食物中均含有锌,但其含量和吸收利用率差别很大。一般动物性食物中锌的利用率为35%~40%,而植物性食物中锌的利用率仅为1%~20%。贝壳类(如牡蛎)、海产品、红肉类都是锌的良好来源;干果、谷类的胚芽和麦麸也富含锌;燕麦、花生、玉米的锌含量高于一般植物性食物。

我国营养学会推荐锌的摄入量为:成年男性12.5mg/d;成年女性7.5mg/d。

## 四、碘

碘在人体的含量为20~50mg,约70%存在于甲状腺组织中,其余的碘分布于皮肤、骨骼、中枢神经系统及其他内分泌腺。

**(一)碘的生理功能**

碘在体内是合成甲状腺素的重要物质,其主要功能是参与能量代谢,促进生长发育,活化一些酶的活性,调节组织中的水盐代谢。

**（二）碘的缺乏与过量**

机体因缺碘而导致的一系列病理状态为碘缺乏病。碘缺乏可使甲状腺素分泌减少，机体能量代谢降低，影响儿童生长发育，同时会发生甲状腺结构改变，成人缺碘可引起甲状腺肿；孕妇、乳母缺碘，可致婴幼儿甲状腺发育不全，甚至发生克汀病，克汀病的表现为呆、小、聋、哑、瘫。

**（三）碘的食物来源和供给量**

海产品含碘量丰富。海带、紫菜、海鱼、干贝、海参、海蜇、龙虾等都是碘的良好来源。其他食品的含碘量则取决于土壤和水中的碘量。我国采取食用盐加碘的方法预防碘缺乏病取得了很好的效果。

我国营养学会推荐成人碘的摄入量为120μg/d，婴儿为85～115μg/d，青少年为120μg/d，孕妇为230μg/d，乳母为240μg/d。

### 五、硒

硒是人体必需微量元素，广泛分布于人体各组织器官和体液中，人体内含量为14～20mg，其中肾脏硒的浓度最高，肝脏次之，血液中含量相对较低，脂肪组织中含量更低。血硒和发硒含量可以反映体内硒的营养状况。

**（一）硒的生理功能**

1. 硒是抗氧化剂，能保护细胞膜免受过氧化物损害，从而维持细胞正常功能。
2. 硒能保护心肌。
3. 硒与重金属如铅、汞、镉有很强的亲和力，能与之结合形成金属硒蛋白复合物而起到解毒作用。
4. 对某些化学致癌物质有拮抗作用。
5. 硒可以促进生长，保护视觉。

**（二）硒的缺乏与过量**

硒缺乏引起的疾病主要表现在地质环境缺硒的区域，如克山病和大骨节病。

克山病是一种以多发性坏死为主的心肌病变，主要表现为心脏扩大、心力衰竭、心律失常、心电图改变等。硒缺乏的高发人群为2～6岁儿童和育龄妇女，主要表现为心室扩大、心力衰竭、心律失常、休克等。20世纪70年代在全国重点病区推广了硒预防克山病的措施后，克山病便不再暴发流行。因此，克山病的病因虽然未能得到完全认知，但人体硒缺乏是克山病的主要因素已得到学术认可。

硒摄入过多可导致中毒，表现为恶心、呕吐、头发易折及脱落、肢端麻木、抽搐，甚至偏瘫，严重时可导致死亡。

**（三）硒的食物来源和供给量**

食物中的硒含量受产地土壤中硒含量的影响，地区差异非常大。即使同一品种的谷物或蔬菜，由于产地不同硒的含量也不同。海产品、肾、肝及整粒的谷类是硒的良好来源。

我国营养学会推荐成人硒的摄入量为60μg/d。

## 第六节　维　生　素

维生素是维持人体生命活动所必需的一类低分子有机化合物。虽然体内含量甚微，但在机体的代谢和生长发育等过程中具有重要的生理功能。根据维生素的溶解性,可分为脂溶性维生素和水溶性维生素。脂溶性维生素有维生素 A、维生素 D、维生素 E、维生素 K,大部分贮存于脂肪组织和肝脏中,摄入过多易在体内蓄积而引起中毒;水溶性维生素有 B 族维生素和维生素 C,易吸收,代谢快,一般不在体内蓄积,宜每天供给。

虽然维生素的化学结构和性质各不相同,但它们具有以下共同特点:①都以维生素本身或维生素前体物质存在于天然食物中;②不提供能量,也不参与机体构成;③一般不能在体内合成或合成量较少,必须由食物提供;④人体需要量虽少,但缺乏到一定程度可引起维生素缺乏症。

## 一、维生素 A

维生素 A 又名视黄醇,主要存在于鱼类、肝脏中,植物中的胡萝卜素是它的前体物质,在体内可转化为维生素 A,维生素 A 和胡萝卜素对热稳定,一般烹调不易被破坏,但易被氧化,紫外线可促进其氧化而被破坏。

### (一) 生理功能

1. 维持正常视觉:维生素 A 参与视紫红质的形成,维持夜间正常视力。
2. 维持上皮细胞的正常结构。
3. 促进生长和骨骼发育。
4. 参与性激素的合成,促进性腺发育,维持生殖功能。
5. 抗氧化、抗衰老、清除体内自由基。
6. 抑制肿瘤细胞的生长和 DNA 合成,具有抗肿瘤作用。

### (二) 缺乏和过量

维生素 A 缺乏可导致暗适应能力下降,严重时导致夜盲症、干眼病甚至失明;也可引起皮肤粗糙、干燥、鳞状角化;还可影响骨骼和牙釉质的发育,造成儿童生长停滞。

**重点提示**

维生素 A 摄入过量时,可导致急、慢性中毒或胎儿畸形。

### (三) 食物来源和供给量

富含维生素 A 的食物有动物肝脏、蛋黄、奶类、鱼肝油、鱼类、海产品等。富含胡萝卜素的食物有红橙色、深绿色的植物性食物,如胡萝卜、菠菜、南瓜、红心甜薯、杏、芒果等。

我国营养学会推荐我国居民维生素 A 膳食参考摄入量为成年男性 800μg/d,女性 700μg/d,乳母 1300μg/d。

## 二、维生素 D

维生素 D 主要包括维生素 $D_2$ 和维生素 $D_3$。维生素 $D_2$ 是植物中麦角固醇经紫外线照射转变而成,维生素 $D_3$ 是人体皮肤中 7-脱氢固醇经紫外线照射的产物。

### (一) 生理功能

1. 促进小肠对钙、磷的吸收。

2. 促进骨质的钙化。

3. 促进肾小管对钙、磷的重吸收，减少钙、磷的流失。

**（二）维生素 D 缺乏**

膳食维生素 D 摄入不足、日照时间不足，均可引起钙、磷吸收减少，血钙降低，从而影响骨骼钙化，导致骨质软化、变形。在婴幼儿期发生佝偻病，表现为骨骼变软，易弯曲；在成年人发生骨软化症或骨质疏松症，常有自发性、多发性骨折。

**（三）食物来源和供给量**

天然食物中维生素 D 含量均较低，含脂肪高的海水鱼、动物肝、奶油、蛋黄等动物性食物中含量相对较多。鱼肝油中维生素 D 的含量极高，其制剂可用于佝偻病的防治。对于婴幼儿来说，适当进行日光浴对促进维生素 D 转化和钙的吸收十分必要。

我国营养学会推荐我国居民膳食维生素 D 参考摄入量为成年人 10μg/d，老年人 15μg/d。

## 三、维生素 $B_1$

维生素 $B_1$ 又名硫胺素，抗脚气病因子或抗神经炎因子。维生素 $B_1$ 在酸性环境下比较稳定，遇碱和高温极易被破坏，故在制作油条、麻花等食品时维生素 $B_1$ 几乎全被破坏。

**（一）生理功能**

1. 参与物质能量代谢。

2. 促进胃肠蠕动。

3. 维持神经肌肉的正常功能。

**（二）维生素 $B_1$ 缺乏**

长期食用过于精细的面粉和大米，同时又缺少粗杂粮的合理补充，容易造成维生素 $B_1$ 缺乏，可导致脚气病。成人脚气病临床上多表现为水肿、肌肉疼痛、多发性神经炎。早期可出现疲倦、体弱、食欲缺乏等，其症状与缺乏的程度有关。一般分为干性脚气病（以多发性神经炎为主）、湿性脚气病（以下肢水肿和心脏疾病为主）和混合性脚气病（上述两类症状共同出现）。

**（三）食物来源和供给量**

维生素 $B_1$ 广泛存在于天然食物中，动物的内脏、肉类、豆类、花生及未精细加工的粮谷类含量丰富，水果、蔬菜、蛋类、乳品也含有一定量的维生素 $B_1$，但含量较低。

我国营养学会推荐的我国居民维生素 $B_1$ 膳食营养参考摄入量成年男性为 1.4mg/d，成年女性为 1.2mg/d，哺乳期妇女为 1.2～1.5 mg/d。

## 四、维生素 $B_2$

维生素 $B_2$ 又名核黄素。维生素 $B_2$ 耐热在酸性条件下较稳定，但在碱性溶液中加热易被破坏。食物中的核黄素主要是结合型，对光比较稳定。游离型核黄素对光敏感，不论在中性、酸性或碱性媒质中，游离型核黄素均可被紫外线破坏。

**（一）生理功能**

1. 参与组织呼吸过程。

2. 促进蛋白质、脂肪和糖类的代谢。

3. 参与体内铁的吸收、贮存与动员。

**(二)维生素 $B_2$ 缺乏**

维生素 $B_2$ 缺乏十分常见,并常与其他维生素缺乏相伴。主要表现为舌炎、唇炎、脂溢性皮炎及生殖器炎症。

**(三)食物来源和供给量**

维生素 $B_2$ 的良好来源是动物性食物,尤以肝、肾、心、蛋黄、乳类含量丰富,大豆和各种绿色蔬菜也有一定含量,但粮谷类含量较少。

我国营养学会推荐的膳食维生素 $B_2$ 参考摄入量:成年男性 1.4mg/d,成年女性 1.2mg/d,孕妇 1.2~1.4mg/d,乳母 1.5mg/d。

## 五、维生素C

维生素C又称为抗坏血酸,是一种酸性多羟基化合物。维生素C易溶于水,不溶于脂肪溶剂,在酸性环境中稳定,但在有氧、热、光和碱性环境下不稳定。

**(一)生理功能**

1. 促进胶原蛋白的合成。
2. 促进铁的吸收。
3. 减少胆固醇在肝内蓄积。
4. 清除体内自由基。
5. 解毒和抗氧化及还原过程。
6. 阻断致癌物 *N*-亚硝基化合物在体内的合成,因此,具有抗肿瘤作用。

**(二)维生素C缺乏**

维生素C缺乏时可引起坏血病。坏血病起病较缓慢,患者多有体重减轻、四肢无力、体弱、肌肉关节疼痛、牙龈松肿,牙龈炎或有感染发生,身体的任何部位均可出现大小不等和程度不同的出血、血肿或瘀斑。维生素C缺乏还可引起胶原合成障碍,使骨有机质形成不良,导致骨质疏松。坏血病患者若得不到及时治疗,发展到晚期,可引起发热、水肿或肠坏疽而死亡。

**(三)食物来源和供给量**

人体所需要的维生素C必须由食物提供。维生素C的主要食物来源是新鲜蔬菜与水果。含量丰富的蔬菜有辣椒、菜花、苦瓜、芥菜等,猕猴桃、荔枝、山楂、大枣、柑橘等均含丰富的维生素C。

我国营养学会建议维生素C膳食参考摄入量成年人为100mg/d。

# 第七节 水

水是生命之源,是人体内含量最多的成分,分布于机体各种组织中,成人体内水占体重的65%左右。

## 一、生理功能

1. *水是维持生命必需的物质* 水参与构成人体的基本结构,保持每一部分组织细胞的形态和结构,构成各种体液。

2. *水是各种物质的载体* 人体内的各种营养物质和代谢废物都要溶解在水中或利用水

做载体来运输。

3. 水可以调节体温 水可以吸收体内分解代谢过程的热能,通过汗液蒸发散发大量热能,使体温维持恒定。

4. 水是人体关节、肌肉及脏器的润滑剂 口腔中的唾液有助于吞咽和消化;泪液有助于眼球的润滑和转动,存在于胸腔、腹腔、胃肠道和关节的水分,对器官、关节、肌肉等起到缓冲、润滑、保护作用。

## 二、水 平 衡

健康成人每天需水约2500ml,人体需要的水分主要通过三个途径得到补充:饮用水和饮料;食物及蛋白质、脂肪、糖类代谢时产生的水。

成人每日的排水量为2000~2500ml。排出的方式主要有:肾排出(一般成人每天排出的尿量为1000~1500ml)、皮肤蒸发、肺呼出和粪便排出。

水的需要主要受代谢情况、年龄、体力活动、温度、膳食等因素的影响,故水的需要量变化很大。我国营养学会建议成年人每日饮水1500~1700ml。另外,乳母需额外增加饮水量。

### 讨论与思考

1. 荤素搭配、粗细搭配食物有什么科学依据?
2. 膳食纤维的生理功能有哪些?
3. 影响钙和铁吸收的因素有哪些?
4. 维生素C的良好食物来源有哪些?
5. 一探险家远航探险5个月归来,除了消瘦、肌肉关节疼痛、疲乏无力外,后又出现鼻衄、牙龈肿胀出血,身体各部位被碰撞后易出现瘀斑。自述在探险期间所食食物主要是各种罐头和海鱼,很少吃到新鲜蔬菜和水果。该探险家患什么疾病?应如何进行营养治疗?
6. 某人一日膳食共摄入蛋白质70g、脂肪70g、糖类380g,请计算其全天摄入的能量为多少kJ?这三种营养素提供的能量所占全天总能量的比例是否合适?

(冯 峰)

# 第3章

# 各类食物的营养价值

**学习要点**

1. 谷类营养成分的特点和谷类结构与营养素分布，以及烹调、加工对谷类营养价值的影响

2. 蔬菜、水果的营养价值及烹调、加工对其营养价值的影响

3. 豆类、畜禽肉类、鱼类、蛋类与奶类食物的营养价值

4. 主要食用油脂营养价值

5. 调味品的分类及主要调味品的营养价值

**案例分析**

美式快餐是一种高热量、高脂肪、高蛋白质、低矿物质、低维生素和低膳食纤维的食物，被营养学界称为“垃圾食品”“能量炸弹”。因为其有成瘾性，对少年儿童饮食习惯会造成不良影响，但大部分家长对此不以为然。

分析：

这种说法是否科学？为什么？

食物是满足人类生存和健康的基本物质基础，是人体所需能量和营养素的主要来源。可供人们食用的食物种类繁多，按其来源和性质大致分为三类。

(1)植物性食物：如粮谷类、豆类、蔬菜、水果等。

(2)动物性食物：如畜禽肉类、奶类、蛋类、鱼类等。

(3)各种食物制品：以各类天然食物为原料，通过加工制作的食品，如糖、油、酒、糕点、罐头、饮料等。

食物营养价值是指某种食物所含营养素和能量满足人体营养需要的程度。食物营养价值的高低，取决于食物中营养素的种类、数量、比例及消化程度。由于不同食物营养素的构成不同，其营养价值有较大差异。如粮谷类食物含较多糖类，但蛋白质的含量和营养价值均较低；动物食物能提供优质蛋白质、较多脂肪、无机盐、维生素；蔬菜、水果能提供丰富的无机盐、维生素及膳食纤维，但其蛋白质、脂肪的含量很低。即使是同一种食物，由于品种、产地和加工、烹

调方法的不同,营养价值也会存在一定的差异。因此,合理的膳食结构才能全面满足机体对营养的需要。

许多食物除提供能量和营养素外,还含有一些非营养物质,如大蒜中的大蒜素、香菇中的香菇多糖、多种食物中含有的类黄酮等植物化学物等,在防病治病和保健方面还能发挥特有的作用。了解食物的营养价值和保健作用对促进人类健康具有十分重要的意义。

## 第一节 植物性食物

植物性食物包括粮谷类、豆类、蔬菜和水果类等,其营养作用各不相同,是膳食的重要组成部分。

### 一、谷 类

谷类是提供能量的最主要来源,包括大米、小米、小麦、荞麦、玉米、高粱等。膳食中有60%~65%的能量和50%~70%的蛋白质来自谷类,B族维生素和部分无机盐都是谷类提供的,在我国人民膳食中占有重要地位。

**(一)谷粒的结构与营养素的分布**

谷类食物来源于植物的种子,各种谷类种子除形态、大小不同外,其结构基本相似,主要由谷皮、糊粉层、胚乳和胚芽四部分组成(图3-1)。

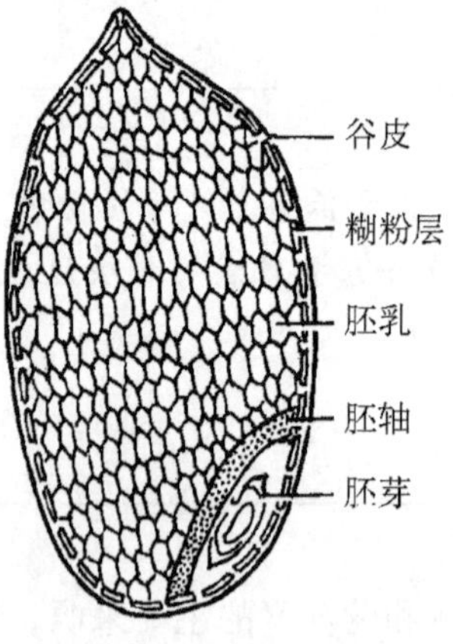


**图3-1 谷粒的纵切面**

1. *谷皮* 位于谷粒的最外层,约占谷粒总重量的6%,主要由纤维素、半纤维素等组成,含有一定量的蛋白质、脂肪及维生素,不含淀粉。因谷皮不易被消化吸收,故在加工时通常被去掉。

2. *糊粉层* 介于谷皮和胚乳之间,占谷粒重量的6%~7%,含有较多的蛋白质、脂肪和丰富的B族维生素、无机盐,具有重要营养意义,但在碾磨加工时,易与谷皮同时脱落而混入糠麸中,对谷物的营养价值会产生一定的影响。

3. *胚乳* 谷粒的主要部分,占谷粒重量的83%~87%,主要成分是淀粉,并含有一定量的蛋白质和少量的脂肪、无机盐和维生素。

4. *胚芽* 位于谷粒的一端,占谷粒总重量的2%~3%,富含脂肪、蛋白质、无机盐、B族维生素和维生素E。胚芽质软而有韧性,加工时不易粉碎,易与胚乳脱离而混入糠麸中,从而造成营养素的丢失。

胚芽和谷粒周围部分还有各种酶,在贮存过程中,如条件适合酶的活动,就容易发生变质。

**(二)谷类的营养价值**

1. *蛋白质* 谷类蛋白质主要由谷蛋白、白蛋白、醇溶蛋白和球蛋白组成。谷类含蛋白质为8%~15%,稻米和玉米为8%左右,小麦约为10%,燕麦高达15.6%。在谷类蛋白质中赖氨酸为第一限制氨基酸,因所含必需氨基酸组成比例不平衡,其生物学价值低于动物性蛋白质。将多种谷类与富含赖氨酸的豆类、肉类混合食用,可起到蛋白质互补作用。谷粒外层蛋白质含量高,加工精细的米面蛋白质,尤其是赖氨酸(主要存在于糊粉层)含量低。

谷类并非是富含蛋白质的食物(7~10g/100g),但由于我国谷类食物在膳食中所占比例较大,故也是膳食蛋白质的重要来源。常采用氨基酸强化和蛋白质互补的方法来提高谷类蛋白质的营养价值。还可用基因调控的科技手段改良品种,通过改善谷类蛋白质的氨基酸组成来提高其营养价值。

2. 脂肪　含量比较低,为1%~2%,玉米和小米可达4%,主要集中在糊粉层和胚芽部。谷类脂肪中不饱和脂肪酸占80%以上,其中亚油酸约为60%,具有降低血清胆固醇、防止动脉粥样硬化的作用。

3. 糖类　主要为淀粉,集中在胚乳的淀粉细胞中,含量在70%以上,占糖类总量的90%,而以糊精、葡萄糖、果糖等形式存在的只占到糖类的10%左右。淀粉经烹调加工后,发生糊化,容易为人体消化吸收,是人类最理想、最经济的能量来源。谷类还含有较多的膳食纤维。

4. 无机盐　含无机盐为1.5%~3%,主要分布在谷皮和糊粉层中,以钙、磷含量较高,铁含量较少,多以植酸盐的形式存在。因此,人体对谷类无机盐吸收率较低。

5. 维生素　谷类食物是B族维生素的重要来源,如维生素$B_1$、维生素$B_2$、维生素PP等。主要分布在糊粉层和胚芽中。因此,谷类加工越精细,上述维生素损失就越多。玉米中的维生素PP为络合型,不易被人体吸收利用,故以玉米为主食的地区居民容易发生癞皮病。

**(三)加工、烹调对谷类营养价值的影响**

1. 谷类加工　谷类加工的目的,通过去除谷皮,改进产品的感官性状,便于食品的烹饪食用并利于消化吸收。谷类外层和胚芽部分营养素含量丰富,故加工精度越高糊粉层和胚芽损失越多,维生素、无机盐、蛋白质及脂肪损失越严重。长期食用加工过精的大米,其他膳食中维生素$B_1$又不能满足机体需要,将会发生脚气病。反之,加工过于粗糙,感官性状差,消化吸收率降低。同时,由于植酸和纤维素含量较多,还会影响钙、铁、锌等无机盐的吸收。所以谷类的加工原则是,既要改善谷物的性状,提高消化吸收率,又要最大限度地保留并利用其营养成分。我国1953年规定谷类的加工精度为“九五米”“八五粉”。

2. 谷类的烹调　谷类食物经烹调后,改善了性状,促进了消化吸收,但是营养素在烹调加工过程中也受到一定的损失。如淘米可损失部分水溶性维生素和无机盐,淘洗次数越多,浸泡时间越长,水温越高,损失越多。

烹调方式影响B族维生素损失的程度。捞米饭时,B族维生素损失较多;米饭在电饭煲中保温时间长,维生素$B_1$损失越多。加碱蒸煮、油炸时维生素B族损失较大。如油条制作,因加碱及高温致使维生素$B_1$全部损失,维生素$B_2$和维生素PP仅保留一半。面食在焙烤时还原糖与氨基酸化合物发生褐变反应(又称美拉德反应),产生的褐色物质在消化道中不能水解,故无营养价值,而且使赖氨酸失去效能,应注意焙烤温度和糖的用量。

3. 谷类的贮存　在适宜条件下,谷类可长时间贮存而质量变化不大。温度和湿度是影响贮存的重要因素。温度高、湿度大,可造成谷物自身酶活性增强,真菌生长,使营养素被破坏,甚至霉烂,失去食用价值。故谷物应在避光、通风、干燥和阴凉的环境中贮存,控制真菌及昆虫的生长繁殖条件,减少氧气和日光对营养素的破坏,保持谷类的原有营养价值。

## 二、豆　类

豆类按营养成分及含量大致可分为两类:一类是大豆(黄豆、黑豆、青豆),另一类是其他豆类(蚕豆、豌豆、绿豆、赤豆)。前者含有较高的蛋白质和脂肪,糖类较少;后者含有较少的蛋白质和脂肪,而糖类相对较多。大豆及其制品是我国居民膳食中优质蛋白质的重要来源,充分利用大豆及其制品是解决我国居民膳食中蛋白质摄入不足的重要途径。

**(一)豆类的营养价值**

1. 大豆的营养成分　大豆营养丰富,具有很高的营养价值。

(1)蛋白质:大豆中的蛋白质含量为35%~40%,是植物性食物中蛋白质含量最多的食品。大豆蛋白是植物性优质蛋白,其氨基酸组成接近人体需要,尤其是富含谷类食物蛋白质普遍缺乏的赖氨酸,是谷类理想的蛋白质互补食物,蛋氨酸是第一限制氨基酸(表3-1)。

**表3-1　鸡蛋、大豆、绿豆的氨基酸组成**(g/100g)

| 必需氨基酸 | WHO建议氨基酸构成比 | 鸡　蛋 | 大　豆 | 绿　豆 |
|---|---|---|---|---|
| 异亮氨酸 | 4.0 | 4.5 | 5.2 | 4.5 |
| 亮氨酸 | 7.0 | 8.1 | 8.1 | 8.1 |
| 赖氨酸 | 5.5 | 6.5 | 6.4 | 7.5 |
| 蛋氨酸+胱氨酸 | 3.5 | 4.7 | 2.5 | 2.3 |
| 苯丙氨酸+酪氨酸 | 6.0 | 8.6 | 8.6 | 9.7 |
| 苏氨酸 | 4.0 | 4.5 | 4.0 | 3.6 |
| 色氨酸 | 1.0 | 1.7 | 1.3 | 1.1 |
| 缬氨酸 | 5.0 | 5.4 | 4.9 | 5.5 |

(2)脂肪:大豆脂肪含量占15%~20%,其中不饱和脂肪酸高达85%,且以亚油酸为主,占51.7%~57.0%。大豆还含有较多的磷脂为1.64%,大部分为卵磷脂和脑磷脂、少量胆固醇,以及具有抗氧化作用的维生素E,大豆油是我国居民生活的重要优质食用油。

(3)糖类:大豆中糖类含量为25%~30%,其中只有一半是可供利用的淀粉、阿拉伯糖、半乳聚糖和蔗糖,而另一半是人体不能消化吸收的棉籽糖和水苏糖,存在于大豆细胞壁,在肠道细菌作用下发酵产气可致腹胀。

(4)无机盐:大豆富含钙、磷、铁等无机盐,其中钙含量丰富,是儿童与老年人膳食钙的较好来源,铁含量较多,为7~8mg/100g。

(5)维生素:大豆富含维生素$B_1$、维生素$B_2$、维生素PP。另外,还含有较多的胡萝卜素和维生素E,大豆几乎不含维生素C,但发芽后可产生一定量的维生素C。

2. 大豆中的抗营养因素　大豆中含有一些天然的抗营养因子,可影响人体对某些营养素的吸收,如蛋白酶抑制剂、胀气因子、植酸以及植物红细胞凝集素等,使大豆消化率只有65%左右。在食用大豆时,通过水泡、磨浆、加热、发酵、发芽等方法加工成豆制品,合理地处理抗营养因素,可提高大豆的消化率,充分发挥其营养价值。

(1)蛋白酶抑制剂:抑制胰蛋白酶活性,妨碍蛋白质的消化吸收,引起胰腺肿大。常压蒸汽加热30min可破坏。

(2)豆腥味:大豆中含有脂肪氧化酶,促使不饱和脂肪酸氧化分解,形成小分子醛、醇、酮等挥发物质,产生豆腥味和苦涩味。95℃加热10~15min可灭活。

(3)胀气因子:主要为水苏糖和棉籽糖,加工成豆制品可去除。

(4)植物红细胞凝集素:使人和动物的红细胞凝集,加热可破坏。在未经加热破坏之前食用,会引起进食者恶心、呕吐等症状。

(5)植酸:与锌、钙、镁、铁螯合,影响吸收。

3. 其他豆类的营养价值 其他豆类蛋白质含量均低于大豆,一般为20%左右,脂肪含量很少,糖类占50%~60%,主要以淀粉形式存在,其他营养素与大豆相似,也是营养价值较高的一类植物性食物,起着丰富人们膳食结构的作用。

4. 大豆的保健作用 大豆含有多种生物活性物质,有降低血糖、抗氧化、抗动脉粥样硬化和免疫调节作用,大豆磷脂有激活脑细胞、提高记忆力和注意力的作用。大豆皂苷通过增加超氧化物歧化酶含量,清除自由基和降低过氧化脂质,具有提高人体免疫力、抗过敏、抗高血压、抗衰老的作用。大豆中的异黄酮能有效地延缓更年期和绝经后女性因卵巢分泌的激素减少而引起的骨密度降低。凡经常吃豆制品的地区,居民肿瘤发生率低于以肉食为主的地区。现已发现,大豆中至少含有异黄酮等五种以上具有抗肿瘤生物活性的化学物质。

**(二)豆制品的营养价值**

我国人民传统的豆制品是以大豆为原料而加工制成的各类副食品。大豆制品中有非发酵豆制品和发酵豆制品两种。非发酵豆制品有豆浆、豆腐脑、豆腐、豆腐丝、豆腐干、干燥豆制品(腐竹)等,这些豆制品在经浸泡、磨细、过滤、加热等工艺处理后,其中的纤维素和抗营养因子等减少,从而使蛋白质的消化率提高;发酵豆制品有豆豉、黄酱、豆瓣酱、腐乳等,此类豆制品的蛋白质在加工时已被分解,更易被消化和吸收,且发酵能使其中的谷氨酸游离出来,维生素 $B_{12}$ 和核黄素的含量亦有所增加。几种豆制品的主要营养素含量见表3-2。

**表3-2 几种豆制品主要营养素含量(每100g)**

| | 蛋白质(g) | 脂肪酸(g) | 糖类(g) | 视黄醇当量(μg) | 硫胺素(mg) | 核黄素(mg) | 抗坏血酸(mg) |
|---|---|---|---|---|---|---|---|
| 豆浆 | 1.8 | 0.7 | 0 | 15 | 0.02 | 0.02 | 0 |
| 豆腐 | 8.1 | 3.7 | 3.8 | – | 0.04 | 0.03 | 0 |
| 豆豉 | 24.1 | – | 42.7 | – | 0.02 | 0.09 | 0 |
| 黄豆芽 | 4.5 | 1.6 | 4.5 | 5 | 0.04 | 0.07 | 8 |
| 绿豆芽 | 2.1 | 0.1 | 2.1 | 3 | 0.05 | 0.06 | 6 |

豆腐的蛋白质含量为8%,但由其制成的豆腐干及其他制品的蛋白质可达到17%~45%,且是生物价值较高的优质蛋白质。当将大豆制成豆腐后蛋白质消化率由65%提高至92%~96%,从而提高了大豆的营养价值。豆腐也是钙和维生素 $B_1$ 的良好来源。

豆浆含蛋白质在1.8%左右,近似牛奶,其中必需氨基酸种类齐全,铁的含量是牛奶的4倍,是多种营养素含量丰富的传统食品。

豆芽是用大豆、绿豆在适宜的水分和温度下发芽生成,维生素C的含量大大提高,可达6~8mg/100mg,可作为维生素C和膳食纤维的来源,尤其在蔬菜供应淡季可起到重要调节作用。

我国目前膳食结构的主要特点是以谷类为主,动物性食物相对不足,膳食结构不合理,适当增加豆类及其制品的数量,对于发挥蛋白质的互补作用,平衡膳食营养,提高人群的健康水平,有着十分重要的作用。

## 三、蔬菜和水果

蔬菜和水果品种繁多，是人类膳食的重要组成部分，也是人体许多营养素的重要来源。蔬菜、水果都含有大量水分和酶类，蛋白质和脂肪含量低，含有一定量的糖类，各种无机盐、维生素和膳食纤维含量丰富。此外，蔬菜和水果中还含有多种有机酸、芳香物质、色素等成分，可赋予蔬菜、水果良好的感官性状，对增进食欲、帮助消化、丰富膳食多样化等方面都有重要意义。另外，许多蔬菜和水果还具有保健和药用价值。

**（一）蔬菜的营养价值**

蔬菜按其品种和可食部位分为叶菜类、根茎类、瓜茄类、鲜豆类和菌藻类。蔬菜一般含蛋白质和脂肪很少，主要营养成分有糖类、无机盐和维生素，呈碱性。

叶菜类：白菜、菠菜、油菜、卷心菜、韭菜、芹菜、苋菜等。

根茎类：萝卜、土豆、藕、山药、芋头等。

瓜茄类：冬瓜、南瓜、黄瓜、茄子、西红柿和辣椒等。

鲜豆类：毛豆、豌豆、蚕豆、扁豆和四季豆等。

菌藻类：香菇、蘑菇、木耳、海带、紫菜、发菜等。

1. *蔬菜的营养成分*　各种蔬菜营养价值相差较大。

（1）糖类：蔬菜所含糖类包括单糖、双糖、淀粉和膳食纤维。糖类的种类和含量因食物的种类和品种不同而有很大差别。一般蔬菜中的淀粉含量只有2%～3%，蔬菜中含淀粉较多的是根茎类蔬菜如土豆、芋头、藕、山药等，含量可达到10%～25%，薯类在一些地区的膳食中占有相当比例，成为人体能量的重要来源；含糖量较高的有胡萝卜、西红柿、南瓜等。

蔬菜所含纤维素、半纤维素、木质素和果胶是人们膳食纤维的主要来源。在体内，它虽不参与代谢，但可促进肠蠕动，利于通便，减少或阻止胆固醇等物质的吸收，并在防治糖尿病和预防肠道肿瘤等方面有一定的作用。

（2）无机盐：蔬菜是人体无机盐的重要来源，含钙、磷、铁、钾、钠、镁、铜等，尤以绿叶蔬菜含量最为丰富，这些元素在体内的代谢产物呈碱性，对维持机体酸碱平衡具有重要作用。许多绿叶蔬菜如油菜、芹菜、小白菜、雪里蕻等含钙丰富，同时含有较多草酸，不但影响本身所含钙和铁的吸收，而且还影响其他食物中钙和铁的吸收利用。故在食用含草酸多的蔬菜时，可先将其在开水中烫一下，去除草酸。绿色蔬菜中含铁一般为1～2mg/100g，其吸收率较低，约为5%，但蔬菜中的铁在我国居民膳食供给量中仍占有一定比重。

（3）维生素：新鲜蔬菜是维生素C、胡萝卜素、维生素$B_2$和叶酸的重要来源（表3-3）。叶部含量比根茎部高，深色菜叶比浅色菜叶高，嫩叶比枯叶高，所以注意选择新鲜、色泽深的蔬菜。新鲜蔬菜都含有一定量的维生素C，特别是叶菜类和瓜菜类含量很高，根茎类次之。如苋菜中维生素C含量高达47mg/100g，小白菜约为28mg/100mg。胡萝卜素在绿色、黄色或红色蔬菜中含量较多，如胡萝卜、南瓜等，是我国居民膳食中维生素A的重要来源。维生素$B_2$以绿叶菜中含量较多。此外，叶菜中还含有核黄素、叶酸等。

2. *蔬菜中的抗营养因子*　大豆中含有一些抗营养因子，影响机体对某些营养素的吸收。

毒蛋白：如在四季豆、菜豆等鲜豆中含有的植物红细胞凝集素，具有凝集和溶解红细胞的作用。若经长时间煮沸后则被破坏，可保证安全食用。

表3-3　常见蔬菜中三种维生素的含量(每100g)

| | 柿子椒 | 花菜 | 苋菜 | 冬苋菜 | 菠菜 | 冬瓜 | 南瓜 | 胡萝卜 |
|---|---|---|---|---|---|---|---|---|
| 维生素C(mg) | 72 | 61 | 47 | 20 | 32 | 18 | 8 | 16 |
| 胡萝卜素(μg) | 340 | 30 | 2100 | 6950 | 487 | 80 | 890 | 4010 |
| 核黄素(mg) | 0.03 | 0.08 | 0.12 | 0.05 | 0.11 | 0.01 | 0.04 | 0.04 |

硫苷：如甘蓝、萝卜、芥菜等十字花科及洋葱、大蒜等百合科蔬菜中含有的辛辣物质，即为硫苷类化合物，过多摄入会妨碍碘的吸收，有致甲状腺肿的作用。

茄碱：主要存在于茄子等茄科植物中，分布于表皮，有毒性。茄碱即使煮熟也不会被破坏。

亚硝酸盐：如新鲜蔬菜中含有的硝酸盐，若保存地较温暖、潮湿，极易在微生物的作用下转变成亚硝酸盐。亚硝酸盐食入过多会产生急性食物中毒；若长期少量摄入也有慢性毒性作用，特别是亚硝酸盐在人体内与胺结合产生的亚硝胺，有致癌作用。

生物碱：如鲜黄花菜中含有的秋水仙碱，经肠道吸收后在体内可氧化成二秋水仙碱，毒性很大。但秋水仙碱易溶解于水，通过焯水、蒸煮等工艺过程可减少其含量。

3. 菌类的营养特点　世界上已发现食用菌500多种，包括人工栽培菌和野生菌，香菇、银耳、黑木耳等为人工栽培菌；口蘑、鸡纵菌、羊肝菌等为野生菌。

食用菌中的蛋白质含量高。如新鲜蘑菇中含蛋白质3%～4%，比大多数蔬菜高很多；而干蘑菇中所含蛋白质可高达40%，大大超过动物类食物中的蛋白质含量。食用菌蛋白质中的氨基酸组成较平衡，尤其赖氨酸、亮氨酸较多。

食用菌中糖类的含量较一般蔬菜丰富，占20%～35%，特别是一些多糖类。其中，如香菇多糖、银耳多糖等还具有抗肿瘤、提高免疫功能、抗衰老等作用。食用菌的膳食纤维含量亦较高。

食用菌中的维生素含量也很丰富，主要为B族维生素，如维生素$B_1$、维生素$B_2$、维生素PP、维生素$B_{12}$等。但含维生素C较少。

食用菌中还含有丰富的铁、锌、硒、钠、钾、氟、氯、碘等元素。

4. 藻类营养特点　食用藻主要有海带、紫菜、发菜、石莼、葛仙米等。

藻类中含有蛋白质，特别是紫菜、发菜中含量较多，一般在22%以上。其氨基酸的组成尤以精氨酸含量为多，其他的氨基酸组成与陆生叶菜相似。

藻类中的糖类主要以黏多糖的形式存在。如褐藻胶、琼脂等都是从藻类中提取的黏多糖，因其不能被人体消化、吸收，故属膳食纤维。

藻类中含有多种维生素，尤其以紫菜中的含量较高，如维生素A、维生素$B_1$、维生素PP、维生素$B_6$、维生素$B_{12}$等。

藻类中所含的矿物质最有营养价值的，如碘、钾、钙、钠、硫、铁等，尤其是碘和钙在海带、紫菜中含量高。

### (二)水果的营养价值

水果分为鲜果、干果和坚果三类。其中，干果是由鲜果加工干制而成，所以营养素含量更集中，尤其是矿物质如钙、铁的含量相对较多，但在制作和贮存过程中，维生素的损失较大，特别是维生素C，如葡萄干、杏干、桂圆、荔枝干等；坚果富含脂肪、蛋白质、钙和铁等，有些还含有较多的维生素$B_1$和维生素$B_2$，如花生、核桃、栗子、榛子、杏仁和瓜子等。

1. 鲜果 新鲜水果含水分多,蛋白质和脂肪含量少,水果的营养价值与新鲜蔬菜类似,是人体无机盐、维生素和膳食纤维的重要来源,其营养特点主要有:

(1)糖类:水果所含糖类在6%~25%,主要是果糖、葡萄糖和蔗糖。水果的种类不同,含糖的种类和数量有较大差异,如苹果和梨以果糖为主,桃、李、柑橘以蔗糖为主,葡萄、草莓则以葡萄糖和果糖为主。许多水果还富含纤维素、半纤维素和果胶等。山楂、苹果、海棠果等果胶含量较多。

(2)无机盐:水果也是人体所需无机盐如钙、磷、铁、铜、镁的良好来源,如香蕉含锌丰富。同蔬菜一样,也是呈碱性食物。

(3)维生素:新鲜水果富含维生素C和一定量的胡萝卜素。如鲜枣中维生素C最多,可高达243mg/100g,山楂、柑橘、鲜荔枝、草莓、柠檬中的含量也很高;芒果、柑橘、杏、山楂中含胡萝卜素较多(表3-4)。

**表3-4 常见水果中三种维生素的含量**(每100g)

| | 鲜枣 | 猕猴桃 | 柑 | 橘 | 芒果 | 苹果 | 葡萄 | 桃 | 草莓 |
|---|---|---|---|---|---|---|---|---|---|
| 维生素C(mg) | 243 | 62 | 28 | 19 | 23 | 4 | 25 | 7 | 47 |
| 胡萝卜素(μg) | 240 | 130 | 890 | 520 | 8050 | 20 | 50 | 20 | 30 |
| 核黄素(mg) | 0.09 | 0.02 | 0.04 | 0.03 | 0.04 | 0.02 | 0.02 | 0.03 | 0.03 |

(4)芳香物质、有机酸和色素:水果中常含有各种芳香物质和色素,使水果具有特殊的香味和颜色,赋予水果良好的感官性状。水果中的有机酸以柠檬酸、苹果酸和酒石酸为主,可促进消化酶的分泌,增进食欲,有利于食物的消化吸收;另一方面,有机酸使食物保持一定酸度,可保护维生素C的稳定性。

2. 坚果的营养价值 坚果的种类很多,按其营养成分的不同可分为两类:油脂类坚果和淀粉类坚果。前者包括核桃、榛子、杏仁、松子、腰果、花生、葵花子、瓜子等;后者包括栗子、银杏、莲子。

(1)蛋白质:油脂类坚果蛋白质含量12%~22%,淀粉类坚果含量4%~5%,其中南瓜子和西瓜子中含量达30%以上,花生的蛋白质含量比肉类还高,且不含胆固醇,有"植物肉"的美称。

(2)脂肪:油脂类坚果脂肪含量40%以上,多为不饱和脂肪酸,亚油酸含量丰富,对降低胆固醇、预防治疗动脉硬化和冠心病有明显效果,是优质的植物性脂肪。

(3)糖类:油脂类坚果糖类含量较少,多在15%以下,淀粉类坚果含量较高,可达40%以上。

(4)维生素:维生素E和维生素B的良好来源。黑芝麻中维生素E的含量50.4mg/100g。

(5)无机盐:富含钾、镁、磷、钙、铁、锌、铜等营养成分。

野菜、野果在我国资源丰富,种类繁多。野菜富含胡萝卜素、维生素$B_2$、维生素C及叶酸,钙、铁含量也较多。野果的主要营养特点是富含维生素C和大量胡萝卜素、有机酸及生物类黄酮物质。如沙棘含脂肪6.8%,种子含脂肪12%,维生素C含量可高达1%~2%;猕猴桃的维生素C含量0.7%~1.3%,并含有生物类黄酮和其他未知的生物活性的还原物质;刺梨维生素C含量可达2.6%,还含有丰富的生物类黄酮。我国现已开发利用的有价值的野果各具独特风味，可以酿酒或加工成果汁饮料、果酱和罐头等食品。

**（三）蔬菜、水果的药用和保健作用**

蔬菜、水果是膳食中不可缺少的物质，不仅提供多种营养素，而且还含有许多对人体非常有益的生物活性物质，对维持人体正常生理功能、生长发育、防治疾病、延缓衰老等多方面都具有特殊的保健作用。如萝卜中含有淀粉酶，菠萝与无花果含有蛋白酶，生食时有助于消化；大蒜中含有植物杀菌素和含硫化合物，具有抗菌消炎、降低血清胆固醇作用；西红柿、洋葱、甘蓝等含有的生物类黄酮为天然抗氧化剂，能维持微血管的正常功能，预防肿瘤等多种作用；南瓜、苦瓜已被证实有明显的降低血糖的作用；黄瓜能美容、桂圆能安神、萝卜能化痰理气、山楂能消食、香蕉能通便、生姜能发汗、韭菜能健胃等。

**（四）加工、烹调对蔬菜和水果营养价值的影响**

根据蔬菜营养成分的特性，在加工、烹调时应尽可能减少无机盐及水溶性维生素的损失，特别是维生素C。蔬菜生食可最大限度保持其营养价值，如凉拌。加工、烹调对蔬菜中维生素的影响与洗涤方式、用水量、pH、加热温度及时间有关。加工、烹调蔬菜时应做到：先洗后切，急火快炒，现做现吃，做汤时开锅下菜，这样能有效地保存蔬菜中的维生素C。

为了防止蔬菜中无机盐和维生素的损失，烹调中要注意以下事项：

1. 尽量减少用水浸泡和弃掉汤汁及挤去菜汁的做法。

2. 维生素C在80℃以上温度快速烹调损失较少，烹调加热时间不宜过长，叶菜快火急炒法可最大限度保留维生素，做汤时宜先放汤后加菜，公共食堂以分批炒菜较为合理等。

3. 新鲜蔬菜不宜久存，勿在日光下暴晒，烹制后的蔬菜不宜放置时间过长。

4. 加醋烹调可减少B族维生素和维生素C的损失；加淀粉芡汁也可减少维生素C的破坏与损失。

5. 不用铜器制备蔬菜。用铜锅制备蔬菜时，维生素C的损失最多，铁锅次之。

水果多以生食为主，营养素损失和破坏很少，但在加工制成罐头、果脯、果酱、饮料时，其营养价值将有不同程度的损失。

**（五）蔬菜、水果的贮藏**

蔬菜、水果在采收后仍会不断发生物理和化学变化，如呼吸、发芽、抽苔、后熟、老化等。当贮藏条件不当时，蔬菜、水果的鲜度和品质会发生改变，使食用价值和营养价值降低。

1. *蔬菜、水果的呼吸作用*　呼吸作用是蔬菜、水果生命活动必不可少的，实质上是酶参与的缓慢氧化过程。旺盛的有氧呼吸会加速氧化过程，使蔬菜、水果中的糖类、有机酸、糖苷、鞣质等有机物分解，降低蔬菜、水果的风味和营养价值。在贮藏过程中应避免厌氧呼吸和过盛的有氧呼吸，以减少营养素的损失。

2. *蔬菜的春化作用*　春化作用是指蔬菜打破休眠而发芽成抽苔变化，如土豆发芽、洋葱的抽苔等。这会大量消耗蔬菜体内的养分，使其营养价值降低。

3. *水果的后熟*　后熟是水果脱离果树后的成熟过程。水果经过后熟进一步增加芳香和风味，果肉软化宜食用，对改善水果质量是有重要意义的。香蕉、鸭梨等水果只有达到后熟才有较高的食用价值，但后熟以后的水果不宜贮藏。因此，贮藏水果时采收果实应在未完全成熟期，贮藏在适宜温度和条件下，延缓其后熟过程，便于贮藏和运输。

贮藏蔬菜、水果的方法：①低温贮藏。以不使蔬菜、水果受冻为原则，根据其不同特性进行贮藏。一般热带或亚热带水果对低温适应性差，如绿色香蕉（未完全成熟）应贮藏在12℃以上,柑橘在2~7℃为宜,而秋苹果可在-1~1℃久藏;②气调贮藏法。利用一定浓度的二氧化碳(或其他气体)使蔬菜、水果呼吸变慢,延缓其后熟过程,达到保鲜的效果。

**重点提示**

在我国居民的膳食结构中,植物性食物的比重较大,除了提供糖类、蛋白质、脂类之外,大部分的维生素、无机盐和膳食纤维也由植物性食物提供。

## 第二节 动物性食物

动物性食物种类很多,主要有畜类、禽类、鱼类、奶类、蛋类等。动物性食物营养丰富,能提供人体需要的蛋白质、脂肪、无机盐、维生素等多种营养成分,是人类重要的食物资源。

### 一、畜 肉 类

畜肉是指猪、牛、羊等牲畜的肌肉、内脏、头、蹄、骨、血及其制品。主要提供蛋白质、脂肪、无机盐和维生素。营养素的分布因动物种类、年龄、肥瘦及部位不同而存在差异。畜肉类食品经适当加工烹调,不仅味道鲜美,具有良好的饱腹感,而且容易消化吸收。

1. 蛋白质　畜肉蛋白质大部分存在其肌肉组织中,含量为10%~20%,是完全蛋白质。牛肉、羊肉的蛋白质含量高于猪肉。

畜肉蛋白质中必需氨基酸种类齐全、比例适当、数量充足。因此,蛋白质具有很高的生物学价值,为优质蛋白质。但存在于结缔组织中的间质蛋白质,主要是胶原蛋白和弹性蛋白,由于色氨酸、蛋氨酸含量很少,蛋白质的利用率低。畜肉中存在的含氮浸出物(包括肌凝蛋白、肌肽、肌酸、肌酐和氨基酸)是肉汤鲜美的主要原因。

2. 脂肪　畜肉中的脂肪以饱和脂肪酸为主,熔点较高,主要为三酰甘油、卵磷脂(少量)、胆固醇和游离脂肪酸等。畜肉的脂肪含量因牲畜的种类、肥瘦程度及部位不同有较大差异。如肥肉中脂肪含量达60%~90%,瘦肉含脂肪达10%~30%。

胆固醇含量从高到低:脑、内脏、肥肉、瘦肉,肥肉可达109mg/100g,瘦肉则为81mg/100g,内脏约为200mg/100g,脑中含量最高,在2000mg/100g以上。

3. 糖类　畜肉中的糖类以糖原形式存在于肌肉与肝脏中,含量较少。由于酶的分解作用,肌肉中的糖原含量会逐渐下降。

4. 无机盐　畜肉无机盐含量为0.8%~1.2%,瘦肉高于肥肉,以铁和磷较多,并含有少量铜。其中,铁以血红素铁的形式存在,生物利用率高,不受食物中其他因素的影响,是膳食中铁的良好来源。肉中钙含量为7~11mg/100g,吸收率较高。肝脏含铁与铜丰富。此外,畜肉类因含硫、磷、氯较多,呈酸性食物。

5. 维生素　畜肉中含有较多的维生素A、维生素E和B族维生素,尤其是瘦肉和内脏中含B族维生素较多。畜类的肝脏是多种维生素的良好来源,如维生素$B_1$、维生素$B_2$、维生素PP,尤其富含维生素A和维生素D。其中,膳食中的维生素$B_{12}$只从动物性食品中获得。

肝、肾、心等动物内脏，也是富含优质蛋白质的食品，并比一般肉类含有较多的无机盐和维生素，其营养价值高于一般肉类。其中，尤以肝的营养特别丰富，它含有大量的维生素 A、维生素 $B_1$、维生素 $B_2$、维生素 $B_{12}$、烟酸、叶酸等及铁、铜、钴、锌、钼等无机盐。故肝脏是很好的补血食品，但肝脏还含有大量胆固醇和嘌呤碱(表 3-5)。

**表 3-5　猪肉及内脏主要营养素含量**(每 100g 可食部分)

| 食品种类 | 蛋白质(g) | 脂肪(g) | 钙(mg) | 铁(mg) | 视黄醇当量(μg) | 维生素 $B_1$(mg) | 维生素 $B_2$(mg) | 胆固醇(mg) |
|---|---|---|---|---|---|---|---|---|
| 猪肉(瘦) | 20.3 | 6.2 | 6 | 3.0 | 44 | 0.54 | 0.10 | 79 |
| 猪心 | 16.6 | 5.3 | 12 | 4.3 | 13 | 0.19 | 0.48 | 151 |
| 猪肝 | 19.3 | 3.8 | 6 | 22.6 | 4972 | 0.21 | 2.08 | 288 |
| 猪肾 | 15.4 | 3.2 | 12 | 6.1 | 41 | 0.31 | 1.14 | 354 |
| 猪脑 | 10.8 | 9.8 | 30 | 1.9 | – | 0.11 | 0.19 | 2571 |

## 二、禽　肉　类

禽肉包括鸡、鸭、鹅、鸽、鹌鹑等的肌肉、内脏及制品。禽肉的营养价值与畜肉相似，蛋白质含量约 20%，氨基酸组成与人体需要的模式接近，属优质蛋白质。不同之处在于脂肪含量相对较少，含有 20% 亚油酸，且熔点低，易于消化吸收。因此，禽肉与畜肉比较，不易引起动脉粥样硬化，是人们提倡食用的动物性食物。另外，禽肉比畜肉还有较多柔软的结缔组织和含氮浸出物，故禽肉的肉质更细腻，禽肉炖出的汤味道更鲜美。

禽肉主要营养素含量见表 3-6。

**表 3-6　鸡、鸭、鹅主要营养素的含量**(每 100g 可食部分)

| 食物名称 | 蛋白质(g) | 脂肪(g) | 视黄醇当量(μg) | 硫胺素(mg) | 核黄素(mg) | 钙(mg) | 铁(mg) | 胆固醇(mg) |
|---|---|---|---|---|---|---|---|---|
| 鸡 | 19.3 | 9.4 | 48 | 0.05 | 0.09 | 9 | 1.4 | 106 |
| 鸡肝 | 16.6 | 4.8 | 10410 | 0.33 | 1.10 | 7 | 12.0 | 356 |
| 鸡肫 | 19.2 | 2.8 | 36 | 0.04 | 0.09 | 7 | 4.4 | 174 |
| 鸭 | 15.5 | 19.7 | 52 | 0.08 | 0.22 | 6 | 2.2 | 94 |
| 鸭肝 | 14.5 | 7.5 | 1040 | 0.26 | 1.05 | 18 | 23.1 | 341 |
| 鸭肫 | 17.9 | 1.3 | 6 | 0.04 | 0.15 | 12 | 4.3 | 135 |
| 鹅 | 17.9 | 19.9 | 42 | 0.07 | 0.23 | 4 | 3.8 | 74 |
| 炸鸡 | 20.3 | 17.3 | 23 | 0.03 | 0.17 | 109 | 2.2 | 198 |

## 三、鱼　类

鱼类有海水鱼和淡水鱼之分，广义的鱼类还包括虾、蟹、贝类等水产品，是人类食物中营养价值较高的动物性食物。

**(一)鱼类的营养特点**

1. 蛋白质　鱼类蛋白质含量一般为 15%～25%，其氨基酸组成与禽肉接近，生物学价值在

85 以上，营养价值高，是蛋白质的良好来源。肌纤维细短，间质蛋白少，组织软而细腻，较畜肉、禽肉更易消化。在氨基酸组成中，亮氨酸、赖氨酸含量丰富，色氨酸含量偏低。存在于鱼类结缔组织和软骨中的含氮浸出物主要是胶原和黏蛋白，是鱼汤冷却后形成凝胶的主要物质。

2. 脂肪　鱼类含脂肪一般为 1% ~ 3%，多分布在皮下和内脏周围。主要由多不饱和脂肪酸组成，占脂肪总量的 80%，消化吸收率达 95%。鱼类脂肪中含有长链多不饱和脂肪酸，如二十碳五烯酸和二十二碳六烯酸，具有降血脂、防止动脉粥样硬化和冠心病的作用。

鱼类胆固醇含量一般在 100mg/100g 左右，鱼、虾、蟹等肉中的胆固醇含量不高，但鱼籽、虾籽和蟹黄中的含量较高，如鲳鱼籽胆固醇含量为 1070mg/100g，虾籽、蟹黄胆固醇含量为 350 ~ 896mg/100g，贝类中胆固醇含量高于鱼类。

3. 无机盐　鱼类中的无机盐含量为 1% ~ 2%，稍高于畜禽类，含有钙、磷、镁、铁、钠、氯、钾、锌、铜、碘等，锌、钙的含量较高。海水鱼含碘多，虾皮含钙可达 1000mg/100g，牡蛎含锌丰富，且吸收率比植物性食物高。

4. 维生素　鱼类是维生素 A、维生素 D、维生素 $B_1$、维生素 $B_2$、维生素 $B_{12}$ 的良好来源。如黄鳝、河蟹和海蟹中维生素 $B_2$ 的含量较高；鱼肝脏富含维生素 A 和维生素 D，也可作为药膳和鱼肝油的原料。鱼类肌肉中含硫胺素酶，鱼死后维生素 $B_1$ 逐渐被破坏，故鱼类应在新鲜时加工烹调食用。

#### （二）加工烹调对畜、禽、鱼类食物营养素的影响

畜、禽、鱼类食品在加工、烹调过程中，蛋白质含量的变化不大，而且经过烹调后，更有利于蛋白质的消化吸收。无机盐和维生素在用炖、煮、烧方法加工时，可部分溶于汤中；在高温制作过程中，B 族维生素损失较多，如禽、鱼类罐头。不同的烹调方法，对 B 族维生素影响不同，如猪肉切丝炒时，维生素 $B_1$ 可保存 87%，做蒸肉丸时保存率为 53%，清炖猪肉时（用大火煮沸后，再用小火煨半小时）保存率为 40%。

### 四、蛋　　类

禽蛋主要指鸡、鸭、鹅、鹌鹑、鸽等的蛋。其中以鸡蛋产量最大，食用最普遍，蛋类营养价值基本相似，具有营养全面、均衡、容易消化吸收、食用方便等优点，是理想的天然食品，还是食品制造业的重要原料。

各种蛋类结构相同，都是由蛋壳、蛋清、蛋黄三部分组成，蛋清和蛋黄分别占蛋类可食部分的 57% 和 32%。

#### （一）蛋类的营养价值

禽蛋的营养价值很高，主要含有丰富的蛋白质、脂肪、无机盐和维生素。

1. 蛋白质　全蛋蛋白质含量 13% ~ 15%，蛋清中蛋白质为胶状样水溶液，由卵白蛋白、卵胶黏蛋白、卵球蛋白等组成；蛋黄中蛋白质主要是卵黄磷蛋白和卵黄球蛋白。必需氨基酸模式与合成人体蛋白质需要的模式十分接近，易消化吸收，生物学价值高达 95，是天然食物中最理想的优质蛋白质，全蛋蛋白质几乎能被人体完全消化吸收和利用。在食物蛋白质营养评价时，常以鸡蛋蛋白质作为参考蛋白。

2. 脂肪　脂类含量为 9% ~ 11%，主要集中在蛋黄中，大部分为中性脂肪，分散成细小的颗粒，易消化吸收，还含有一定量的磷脂酰胆碱和胆固醇，是高胆固醇食物，食用过多易引起高脂血症。一只重 50 克的鸡蛋含胆固醇约 200mg。

3. 糖类　蛋类含糖较少，在蛋清中主要是甘露糖和半乳糖，并以蛋白结合的形式存在；在蛋黄中主要是葡萄糖，大部分以磷蛋白结合形式存在。

4. 无机盐　蛋类是多种无机盐的良好来源，含钙、磷、铁较多，主要集中在蛋黄内，其中钙、磷的吸收率较高，所含铁因与卵黄高磷蛋白结合，吸收率较低，只有 3%。

5. 维生素　禽蛋中的维生素绝大部分存在于蛋黄中，维生素 A、维生素 D、维生素 $B_1$、维生素 $B_2$ 均很丰富，其中维生素 D 含量与季节、饲料组成和鸡受日光照射时间有关。

### （二）加工烹调对蛋类营养价值的影响

蛋类的常用烹调方法有煮、煎、炸、蒸等，除维生素 $B_1$ 少量损失外，对其他营养素影响不大。蛋类经过烹调加热，不仅具有杀菌作用，而且具有提高其消化吸收率的作用。因为生蛋清中存在的抗生物素和抗胰蛋白酶经加热后被破坏（前者妨碍生物素的吸收，后者抑制胰蛋白酶的活力），使蛋白质等营养素的消化、吸收和利用更完全。

## 五、奶及奶制品

奶类是一种营养素种类齐全、比例适当、易消化吸收、营养价值较高的优质天然食品。包括牛奶、羊奶和马奶，其中人们食用牛奶最广泛。适合所有健康人群，更是母乳不足的新生儿、婴儿、患者等人群的理想食品。与人乳相比牛奶含蛋白质较多、乳糖较少，故以牛奶为代乳品时，应适当调整使其接近人乳组成，有益于乳儿的生长发育。我国居民奶制品的消费量明显低于世界平均水平，在膳食中适当增加奶制品，对提高优质蛋白质、钙及维生素的供应，增强整个民族体质具有重要意义。

### （一）奶类的营养价值

奶呈乳白色，是由水、蛋白质、脂肪、乳糖、无机盐、维生素等组成的复杂乳胶体。味道温和，稍有甜味，并有香味。牛奶的比重平均为 1.032，比重大小与奶中固体物质含量有关，奶除脂肪含量变动较大外其他成分是基本稳定，故比重可作为评价鲜奶的简易指标。

1. 蛋白质　奶类蛋白质平均含量为 3.0%，主要是酪蛋白，其次，还含有较少的乳清蛋白和更少的乳球蛋白。奶蛋白消化吸收率为 87%～89%，生物学价值为 85。奶类蛋白质的必需氨基酸含量和构成与鸡蛋相似，属优质蛋白质，含有丰富的赖氨酸，是谷类食物的天然互补食品。

牛奶与鸡蛋的氨基酸构成比例见表 3-7。

**表 3-7　牛奶与鸡蛋的氨基酸构成比例**［每克蛋白质中氨基酸的含量（mg）］

| 氨基酸种类 | WHO 建议 | 牛奶 | 鸡蛋 |
|---|---|---|---|
| 色氨酸 | 10 | 14.6 | 16.1 |
| 苯丙氨酸 | 60 | 51.3 | 56.3 |
| 赖氨酸 | 55 | 81.7 | 56.3 |
| 苏氨酸 | 40 | 48.9 | 52.3 |
| 蛋氨酸 | 35 | 30.4 | 34.1 |
| 亮氨酸 | 70 | 105.0 | 92.5 |
| 异亮氨酸 | 40 | 50.1 | 50.3 |
| 缬氨酸 | 50 | 74.0 | 68.0 |

2. 脂肪 奶类脂肪含量占总量的3.0%~4.0%，脂肪粒很小，呈高度乳化状态，易消化吸收，吸收率达97%。其中脂肪酸组成复杂，水溶性挥发性脂肪酸(丁酸、己酸、辛酸)含量较高，是奶类风味良好及易于消化的原因。其中，油酸约占30%，亚油酸和亚麻酸分别占5.3%和2.1%。另外，还含有少量的磷脂酰胆碱、胆固醇。母乳中含有较高的脂解酶，促进脂肪消化，使其转变为能量。

3. 糖类 奶类糖类含量约为5%，主要为乳糖，比人乳少，其甜度为蔗糖的1/6，有调节胃酸、促进胃肠蠕动和消化液分泌的作用；还能促进钙的吸收和助长肠道乳酸杆菌繁殖，抵制腐败菌的生长。用牛奶喂养婴儿时可用米汤稀释并加入适量蔗糖。消化道中的乳糖酶可使乳糖分解为葡萄糖和半乳糖，但随着年龄的增长乳糖酶渐少，甚至缺乏，有些人食用牛奶后常发生腹泻等症状，称为乳糖不耐受症。可采用少量多次饮用，以便肠道逐渐适应对牛奶的消化，或饮用酸奶。

4. 无机盐 奶类无机盐含量为0.70%~0.75%，富含钙、磷、钾。牛奶中含钙1g/L，且吸收率高，是钙的理想来源。奶中铁含量低，0.2mg/100ml，用牛奶喂养婴儿或与母乳混合喂养时，应从4个月起注意补充含铁丰富的食品如蛋黄、肝泥、青菜泥等。此外，奶中还含有铜、锌、碘等多种微量元素。

5. 维生素 奶中维生素种类齐全，如维生素A、维生素D、维生素$B_1$、维生素$B_2$，含维生素B和维生素C较少，维生素含量与饲养方式有关，如放牧期，牛奶中维生素A、维生素D、胡萝卜素和维生素C含量较冬春季在棚内饲养明显增多。目前，多数鲜奶中强化了维生素A和维生素D。

**(二)奶制品的营养价值**

鲜奶经过加工可制成多种产品以满足不同需要，主要包括消毒鲜奶、奶粉、炼乳、酸奶、奶油、奶酪等。

1. 消毒鲜奶 消毒鲜奶是将鲜牛奶过滤、加热杀菌后，分装出售的饮用奶，是奶制品中产量最大的一种。消毒鲜奶除维生素$B_1$和维生素C有损失外，营养价值与新鲜牛奶差别不大，市售消毒牛奶中常强化了维生素A、维生素D和维生素$B_1$等营养素。

2. 奶粉 根据是否脱脂及调制，分为全脂奶粉、脱脂奶粉和调制奶粉。

(1)全脂奶粉：鲜奶消毒后除去70%~80%的水分，采用喷雾干燥法把奶喷成雾状微粒。这种加工方法对奶的色、香、味、蛋白质的性质和其他营养成分影响极小。

(2)脱脂奶粉：生产工艺类似全脂奶粉，但原料奶经过脱脂处理，因脱脂造成脂溶性维生素损失。此种奶粉适用于腹泻的婴儿及要求低脂膳食的患者。

(3)调制奶粉：即母乳化奶粉，是以牛奶为基础，按照母乳组成的成分及特点加以调制，使营养成分的种类、含量和比例接近母乳，以适合于婴幼儿生长发育的需要。如调整牛奶中酪蛋白的含量和酪蛋白与乳清蛋白的比例，添加乳糖，以适当比例强化维生素A、维生素D、维生素$B_1$、维生素$B_2$、维生素C和叶酸、微量元素等。

3. 酸奶 酸奶是一种发酵奶制品，是以鲜牛奶、奶粉或炼乳为原料接种乳酸菌，经过不同工艺发酵制成，其中以酸牛奶最为普遍。

牛奶经乳酸菌发酵后，乳糖变成乳酸，蛋白质凝固和脂肪不同程度的水解，形成独特的口味，备受食用者喜爱。酸奶营养丰富，易消化吸收，还可以刺激胃酸分泌。乳酸杆菌和双歧杆菌为肠道益生菌，可抑制肠道腐败菌的生长繁殖，调整肠道正常菌群组成，防止腐败胺类对人类产生不利的影响,发挥维护人体健康的重要作用。

酸奶尤其适合于消化不良的婴幼儿、老年人饮用,并能使成人原发性乳糖酶缺乏者的乳糖不耐受症状减轻。

4. 炼乳 炼乳是一种浓缩乳,按其成分可分为甜炼乳、淡炼乳、全脂炼乳、脱脂炼乳,若添加维生素D等营养物质可制成各种强化炼乳。市场上常见的是甜炼乳及淡炼乳。

(1)甜炼乳:是在牛奶中加入约16%的蔗糖,并经浓缩至原体积的40%的一种乳制品。成品中蔗糖含量为40%~45%,渗透压增大,可抑制细菌的生长,成品保质期较长。甜炼乳因糖分高,使用前需加水稀释,造成蛋白质等营养成分相对降低,故不宜用于喂养婴儿,主要用于家庭甜食的制作或冲入咖啡饮用。

(2)淡炼乳:为无糖炼乳,又称蒸发乳。将牛奶浓缩至原体积的1/3后装罐密封,经加热灭菌并通过均质操作制成的耐保存乳品。淡炼乳经过高温处理后,维生素$B_1$损失,若予补增,其营养价值与鲜奶几乎相同。高温处理后形成的软凝乳块经均质处理,脂肪球微细化,有利于消化吸收,可用于喂养婴儿。

5. 奶酪 牛奶经浓缩、发酵制成,发酵过程中产生对人体有益的菌类,具有特殊的香味。蛋白质、脂肪、钙、磷的含量都比牛奶高,易消化吸收,蛋白质消化率能达到96%。新鲜奶酪含水量高,脂肪含量较少,热量低,钙含量相对低;干奶酪经发酵处理,营养价值比鲜奶酪高,含有肽类、氨基酸和非蛋白氮成分,有咸味。

6. 奶油 由牛奶中分离的脂肪制成的乳制品,一般含脂肪80%~83%,而水分低于16%,主要成分是脂肪和少量蛋白质,主要用于佐餐、面包和糕点制作。

**重点提示**

动物性食物是优质蛋白质、脂类、脂溶性维生素、B族维生素和无机盐的主要来源。

## 第三节 食用油脂、调味品和其他食品

食用油脂、调味品、茶、酒、糖果和巧克力等其他食品,不仅是满足食物烹调加工以及人们饮食习惯的需要,而且也是补充人体营养素的一个重要途径,其中有些食品还具有重要保健功能。了解这些食品的组成特点和营养价值,对合理选择和利用这些食品具有重要意义。

### 一、食用油脂

根据来源,食用油脂可分为植物油和动物油。常见的植物油包括豆油、花生油、菜籽油、芝麻油、玉米油等;常见的动物油包括猪油、牛油、羊油、鱼油等。

#### (一)组成特点与营养价值

食用油脂是甘油和不同脂肪酸组成的酯。植物油含不饱和脂肪酸多,熔点低,常温下呈液态,消化吸收率高,是必需脂肪酸的重要来源,在膳食中不应低于总脂肪来源的50%;动物油以饱和脂肪酸为主,熔点较高,常温下一般呈固态,消化吸收率不如植物油高。

植物油脂肪含量通常在 99% 以上，此外含有丰富的维生素 E，少量的钾、钠、钙和微量元素；动物油的脂肪含量在未提炼前一般为 90% 左右，提炼后，也可达 99% 以上。动物油所含的维生素 E 不如植物油高，但含有少量维生素 A，其他营养成分与植物油相似。

植物油的营养价值：提供能量；供给必需脂肪酸；脂溶性维生素的溶剂和来源。

动物油的营养价值：主要含饱和脂肪酸，胆固醇含量也较高，在烹制菜肴时，可增加美味。鱼油例外，多含不饱和脂肪酸。

**（二）合理利用**

植物油是必需脂肪酸的重要来源，为了满足人体的需要，在膳食中不应低于总脂肪来源的 50%。动物油的脂肪组成以饱和脂肪酸为主，长期大量食用，可引起血脂升高，增加心脑血管疾病的危险性，因此在高血脂病人中要控制食用。

植物油因含有较多的不饱和脂肪酸，易发生酸败，产生一些对人体有害的物质，因此不宜长时间存储。动物油脂虽然不如植物油容易发生酸败，但存储时间也不宜过长，一般存储温度在 0℃时，可保存 2 个月左右；在 -2℃时，可保存 10 个月左右。

**（三）主要食用油脂的特点及营养价值**

1. 豆油　豆油是利用大豆经过溶剂浸出而获得，其主要脂肪酸组成是：亚油酸 50% ~ 55%，油酸 22% ~ 25%，棕榈酸 10% ~ 12%，亚麻酸 7% ~ 9%。

精炼豆油中维生素 E 的含量为 60 ~ 110mg/100g，同时使豆油的不饱和脂肪酸含量提高，所以豆油也极易氧化酸败。在贮存过程中会出现色泽加深的现象，这种现象比其他油脂要明显得多。

2. 橄榄油

（1）化学组成和生物活性物质：①主要成分，油酸 65% ~ 80%，亚麻酸 0% ~ 1.5%，亚油酸 3.5% ~ 21%，角鲨烯 136 ~ 708mg/100g；②生物活性物质，生物酚类化合物、生育酚、植物甾醇、类胡萝卜素、糖脂类化合物等。

（2）生理功能：①抗氧化，膳食中添加橄榄油可降低肝组织中脂质过氧化 71.6%、脑中 20.3%、心脏中 84.5%、动脉中 63.6%、血小板中 72.0%；②预防癌症；③抗微生物作用；④预防心血管疾病，包括抑制脂质过氧化、调节血脂代谢及降低血浆胆固醇、抑制血小板凝集、增强溶血栓酶活性以及降血压。

3. 花生油　花生油具有独特的花生气味和风味，一般含有较少的非甘油酯成分，色浅质优，可直接用于制造起酥油、人造奶油和蛋黄酱，也是良好的煎炸油。

花生油的脂肪酸组成比较独特，含有 6% ~ 7% 的长碳链脂肪酸（二十烷酸、二十二烷酸、二十四烷酸），因此花生油在冬季或冰箱中一般呈固体或半固体，它的熔点为 5℃，比一般的植物油高。

花生油具有良好的氧化稳定性，是良好的煎炸油。但花生油中含有少量磷脂，若不将其去除，在煎炸食品时易起泡沫而溢锅，因此须将其中的大部分磷脂去除才能用于煎炸食品。

4. 玉米油　玉米油又称为玉米胚芽油。玉米胚芽占全玉米粒 7% ~ 14%，胚芽含油 36% ~ 47%。

玉米胚芽油的脂肪酸组成中饱和脂肪酸占 15%，不饱和脂肪酸占 85%，在不饱和脂肪酸中主要是油酸及亚油酸，其比例约为 1∶2.5，亚油酸含量为 45% ~ 50%，油酸含量 25% ~ 30%，棕榈酸 10% ~ 12%，硬脂酸 2% ~ 3%，亚麻酸含量极少（2% 以下）。玉米不同部分提取的油脂脂肪酸组成略有差别，与其他部分相比，胚芽油的亚油酸含量较高，其降低血清胆固醇的效能优于其他油脂。

玉米油富含维生素 E，虽然不饱和程度高，但热稳定性较好。

5. *芝麻油*　芝麻油是我国最古老的食用油之一，产量位居世界之首。芝麻品种众多，有白、褐、黄及黑色等芝麻。各类芝麻平均含油 45%～58%。

目前有不同工艺加工芝麻油，方法不同，其色、味也不同。压榨法提取的油色泽浅、香味不浓；而水代法制备的芝麻油（常被称作为小磨香油）色泽深、香味浓；而采用浸出法在芝麻饼中提取的芝麻油，经过碱炼、脱臭等工艺处理后，其香味几乎完全消失。芝麻中的香味成分主要是 C4～C9 直链的醛及乙酰吡嗪等。

芝麻油的主要脂肪酸组成与花生油相似，含饱和脂肪酸 20%，不饱和脂肪酸中油酸和亚油酸基本相当。芝麻油的脂肪酸组成比较简单，典型的组成为：棕榈酸 9%、硬脂酸 4%、油酸 40%、亚油酸 46%，其他如棕榈酸、亚麻酸及花生酸等含量较少。油脂制取方式对脂肪酸组成影响不大。

芝麻油的维生素 E 的含量不高（50mg/100g），但它的稳定性很高，保质期也很长。这是由于芝麻油中含有 1%左右的芝麻酚、芝麻素等天然抗氧化剂。

芝麻油一般不作为烹调油使用，通常作为凉拌菜用油。根据芝麻油的性质，它也适合制取人造奶油、起酥油及煎炸油。

常见食用油亚油酸含量比较见表 3-8。

**表 3-8　常见食用油亚油酸含量比较**

| | 豆油 | 玉米油 | 花生油 | 猪油 | 牛油 | 羊油 | 鸡油 | 鸭油 | 黄油 |
|---|---|---|---|---|---|---|---|---|---|
| 亚油酸含量（%） | 52.2 | 47.8 | 37.6 | 6.3 | 3.9 | 2.0 | 24.7 | 19.5 | 3.6 |

6. *猪脂*　猪脂是我国动物油脂中食用量最大的一种。猪脂是指从猪的特定内脏的蓄积脂肪（猪杂油）及腹背部等皮下组织中提取的油脂（猪板油）。内脏蓄积的脂肪一般较硬，腹背部等皮下组织中的脂肪较软；前者的熔点高（35～40℃），后者的熔点低（27～30℃）。

从猪的含脂肪组织中提取脂肪的方法，一般有干法和湿法两种。干法即是在 120℃熬煮；湿法是在加少量水，在较低温度（105℃左右）下熬煮的油。湿法提取油的质量比干法要好。采用湿法得到的油通常称为优质蒸煮猪油。

猪油具有独特的香味，在我国主要用于烹调食用。猪油中的饱和脂肪酸含量很高。猪油中含有 100mg/100g 左右的胆固醇，精制猪油中胆固醇的含量要降低一半。此外，猪油中的天然抗氧化剂的含量很低，致使其保质期很短，但是可以通过添加维生素 E 等抗氧化剂来延长储存期。

常见食用油消化率比较见表 3-9。

**表 3-9　常见食用油消化率比较**

| | 豆油 | 橄榄油 | 花生油 | 猪油 | 牛油 | 黄油 |
|---|---|---|---|---|---|---|
| 消化率（%） | 98 | 98 | 98 | 94 | 89 | 3.6 |

## 二、调　味　品

调味品是指以粮食、蔬菜等为原料,经发酵、腌渍、水解、混合等工艺制成的各种用于烹调调味和食品加工的产品以及各种食品的添加剂,能调节食物色、香、味,也称调料或作料。

### (一)调味品的分类

目前,我国调味品大致可分为以下六大类。

1. *发酵调味品*　这一类是以谷类和豆类为原料,经微生物的酿造工艺而生产的调味品,其中又包括酱油类、食醋类、酱类、腐乳类、豆豉类、料酒类等多个门类,其中每一门类又包括天然酿造品和配制品。

2. *酱腌菜类*　包括酱渍、糖渍、糖醋渍、盐渍等各类制品。

3. *香辛料类*　以天然香料植物为原料制成的产品,包括辣椒制品、胡椒制品、其他香辛料干制品及配制品等。大蒜、葱、洋葱、香菜等生鲜蔬菜类调味品。

4. *复合调味品类*　包括固态、半固态和液态复合调味料,也可按用途划分为风味调料类、方便调料类、增鲜调料类等。

5. *其他调味品*　包括盐、糖、调味油,以及水解植物蛋白、鲣鱼汁、海带浸出物、酵母浸膏、香菇浸出物等。

6. *食品添加剂*　这一类是指为改善食品品质和色、香、味以及防腐和加工工艺的需要而加入食品中的化学合成或天然物质,包括味精、酶制剂、柠檬酸、甜味剂、酵母、香精香料、乳化增稠剂、品质改良剂、防腐剂、抗氧化剂、食用色素等。

### (二)主要调味品的营养价值

调味品除具有调味价值之外,大多也具有一定的营养价值和保健价值。其中有部分调味品因为使用量非常少,其营养价值并不十分重要;但也有部分调味品构成了日常饮食的一部分,并对维持健康起着不可忽视的作用。同时,调味品的选择和食用习惯往往对健康也有着相当大的影响。

1. *酱油和酱类调味品*　酱油和酱是以小麦、大豆及其制品为主要原料,接种曲霉菌种,经发酵酿制而成。

(1)酱油的分类:酱油品种繁多,可以分为:

1)风味酱油:其中日式酱油加入了海带汁、鲣鱼汁,另一些中式风味酱油加入了鸡精、鱼露、香菇汁、香辛料等,不仅增加鲜味,也使营养价值有所提高。

2)营养酱油:起步较晚,主要包括减盐酱油和铁强化酱油两类。铁强化酱油中添加了EDTA 铁。

3)固体酱油:将酱油真空浓缩后再加入食盐和鲜味剂制成的产品。

除高级瓶装酱油和标明的可以生食外,一般散装酱油买回后应加热煮沸冷却后作为调料使用。防止酱油长白膜,还可在酱油中滴几滴食用油或放几瓣蒜。

(2)酱的分类:酱包括了以豆类和面粉、大米等为原料发酵制成的各种半固体咸味调味料。按照原料的不同,可分为:

1)豆酱(大酱):以豆类为主制成。

2)黄酱:豆类和面粉混合制成。

3)甜面酱:以面粉为主制成。

4)蚕豆酱和豆瓣酱:以蚕豆为主制成。

5)日本酱:大豆和大米制成。

此外,在酱中加入其他成分可以制成各种花色酱,如加入肉末和辣椒的牛肉酱等。

(3)酱油和酱类的营养价值:豆、麦等原料经过微生物和酶的作用,原料中的蛋白质降解生成氨基酸、多肽等含氮物质;淀粉分解为双糖和单糖;部分糖类发酵产生醇和有机酸,并进一步生成具有芳香气味的酯类;氨基酸与糖类通过美拉德反应生成芳香物质和类黑素,使其具有较深的颜色。酱油和酱的营养素种类和含量与其原料有很大的关系。

1)蛋白质与氨基酸:酱油和酱的鲜味主要来自于含氮化合物,含量高低是其品质的重要标志。优质酱油的总氮含量多在1.3%~1.8%;氨基酸态氮0.1%以上。其中谷氨酸含量最高,其次为天门冬氨酸,这两种氨基酸均具鲜味。此外,增鲜酱油中添加了0.001%~0.1%的5′-肌苷酸钠和5′-鸟苷酸钠,使氨基酸的鲜味阈值更低,鲜味更加鲜明和自然。

酱油因发酵工艺不同而表现出不同的香气和色泽。低盐固态发酵法酱油的氨态氮含量低,鲜味不足,香气不浓,色泽较浅;先固后稀醪淋浇浸出法可改善酱油风味,色泽红褐、香味浓郁而鲜美。高盐稀醪淋浇浸出法则生产酱香浓郁、色浅味鲜的酱油。日本高盐稀醪发酵法生产的酱油具有醇香浓郁、氨基酸含量高、口味鲜美、汁液澄清的特点。

以大豆为原料制作的酱蛋白质含量比较高,可达10%~12%;以小麦为原料的甜面酱蛋白质的含量在8%以下;若在制作过程中加入了芝麻等蛋白质含量高的原料,则蛋白质的含量可达到20%以上。其氨基酸态氮与酱油中的含量大致类似,黄酱在0.6%以上,甜面酱在0.3%以上。

2)糖类和甜味物质:酱油中含有少量还原糖以及少量糊精,它们也是构成酱油浓稠度的重要成分。甜味成分包括葡萄糖、麦芽糖、半乳糖以及甜味氨基酸,如甘氨酸、丙氨酸、苏氨酸、丝氨酸、脯氨酸等。糖的含量差异在不同品种之间较大,从3%以下直至10%左右。黄酱中含还原糖很低,以面粉为原料的甜面酱糖含量可高达近20%,高于以大豆为原料的大酱。以大米为主料的日本酱的糖类含量可达19%左右。

3)维生素和矿物质:酱油中含有一定数量的B族维生素,其中维生素$B_1$含量在0.01mg/100g左右,而维生素$B_2$含量较高,可达0.05~0.20mg/100g,烟酸含量在1.0mg/100g以上。酱类中维生素$B_1$含量与原料含量相当,而维生素$B_2$含量在发酵之后显著提高,含量在0.1~0.4mg/100g,烟酸含量也较高,1.5~2.5mg/100g。此外,经过发酵产生的植物性食品中不含有的维生素$B_{12}$,对素食者预防维生素$B_{12}$缺乏具有重要意义。

酱油和酱中的咸味来自氯化钠。酱油中所含的氯化钠在12%~14%,是膳食中钠的主要来源之一。减盐酱油氯化钠含量较低,含盐量为5%~9%。酱类的含盐量通常在7%~15%。

4)有机酸和芳香物质:酱油的香气成分主体为酯类、醛、有机酸物质,包括醋酸己酯、乳酸乙酯、乙酸丙酯、苯甲酸丙酯、琥珀酸乙酯等约40种酯类。此外,还有醛类、酮类、酚类、酸类、呋喃类、吡啶类等共200余种芳香物质。其中酱油的特征香气成分被认为是4-羟基-2(5)-乙基-5(2)-甲基-3(2H)-呋喃酮,含量仅为0.02%左右。

酱类含有多种有机酸,包括柠檬酸、琥珀酸、乳酸、乙酸、焦谷氨酸等。酱类含有乙醇0.1%~0.6%,此外还含有少量异戊醇、丁醇、异丁醇和丙醇等。这些成分与微量的脂肪形成酯类,形成乙酸丁酯、乙酸己酯、乙酸异戊酯、乳酸乙酯等。各种脂肪酸与乙醇成酯,也有助于酱的香气和口感。此外,醛类也是酱香气的主要来源,包括乙醛、异戊醛、异丁醛等。熟化的时间越长，酱的香气物质产生量越多，质量也更好。

2. 醋类　醋是一种常用的调味品，有促进胃液分泌助消化、杀菌、促进钙溶解、防病等作用。醋类按原料可分为粮食醋和水果醋；按照生产工艺可分为酿造醋、配制醋和调味醋；按颜色可分为黑醋和白醋。

目前，大多数食醋都属于以酿造醋为基础调味制成的复合调味酿造醋。粮食醋的主要原料是大米、高粱、麦芽、豆类等加上麸皮。通过蒸煮使淀粉糊化，在真菌分泌的淀粉酶作用下转变为小分子糊精、麦芽糖和葡萄糖，再经酵母发酵，转变成酒精，再经醋酸发酵产生有机酸。其中加入少量盐、糖、鲜味剂和各种香辛料，可以制成各种调味醋。

与酱油相比，醋中蛋白质、脂肪和糖类的含量都不高，但却含有较为丰富的钙和铁。

粮食醋的主要酸味来源是醋酸，但醋酸菌发酵还可产生多种有机酸，包括乳酸、丙酮酸、苹果酸、柠檬酸、琥珀酸等。发酵过程中未被氧化成酸的糖类，包括葡萄糖、蔗糖、果糖、鼠李糖等，以及甘氨酸、丙氨酸、色氨酸等氨基酸可提供甜味。在醋的储藏后熟期间，羰氨反应和酚类氧化缩合产生类黑素，使醋的颜色逐渐加深。各种有机酸与低级醇类产生多种酯类物质，辅以少量醛类、酚类、双乙酰和3-羟基丁酮等，构成醋的复杂香气。

水果醋的主要原料是苹果、葡萄、柠檬、菠萝、柿子、香蕉、草莓等水果，其中的糖分经过乙醇发酵、醋酸发酵而产生各种有机酸类。水果醋含酸量约5%，还原糖0.7%~1.8%，总氮0.01%左右。水果醋中酸含量达10%以上醋的总氮含量在0.2%~1.2%。糖类含量差异较大，多数在3%~4%，而老陈醋可高达12%，白米醋仅为0.2%。氯化钠含量在0%~4%，多数在3%左右。

3. 味精和鸡精　味精是最主要的鲜味调味品，成分为谷氨酸钠，约占80%，其余均是氯化钠。味精是以粮食为原料，经谷氨酸细菌发酵生产出来的天然物质。pH6.0左右鲜味最强，pH<6时鲜味下降，pH>7时失去鲜味（饮用水呈碱性的地区，略加少量食醋可使食品的鲜味增强）。进入人体后，很快被吸收分解出谷氨酸，谷氨酸在人体代谢中有着重要的功能，有助于其他氨基酸的吸收，合成人体所需蛋白质。

动植物食品中的L-谷氨酸钠含量见表3-10。

**表3-10　一些动植物食品中的L-谷氨酸钠含量（mg/100g）**

| 食品名称 | L-谷氨酸 | 食品名称 | L-谷氨酸 | 食品名称 | L-谷氨酸 |
|---|---|---|---|---|---|
| 猪肉（腰部） | 23 | 干鱿鱼 | 42 | 蚬 | 23 |
| 牛肉（腰部） | 33 | 鲫鱼 | 16 | 蛤仔 | 233 |
| 小鸡肉 | 44 | 泥鳅 | 22 | 扇贝 | 151 |
| 金枪鱼 | 4~9 | 鳗鱼 | 10 | 沙丁鱼 | 280 |
| 鲱鱼 | 7 | 对虾 | 51 | 牡蛎 | 264 |
| 秋刀鱼 | 36 | 文蛤 | 249 | 大鲍鱼 | 109 |
| 胡萝卜 | 3.0 | 柑橘 | 9.7 | 菠菜 | 3.85 |
| 番茄 | 4.0 | 葡萄 | 34.3 | 苹果 | 3.60 |
| 茄子 | 0.84 | 海带（干） | 1780 | 紫菜（干） | 640 |

从味精的使用效果和理化性质分析，味精在烧完之后盛盘之前添加为好。应注意：炒鸡蛋不需放味精，因为鸡蛋中含有谷氨酸钠，炒鸡蛋放味精，不但增加不了鲜味，而且破坏

和掩盖鸡蛋的天然鲜味;烧酸碱性食物不需放味精,酸性食物放味精加热后,谷氨酸钠会变成焦谷氨酸钠,虽无毒,却没有一点鲜味。在碱性食物中,味精会转变成谷氨酸二钠,也无鲜味。

食品中的各种鲜味氨基酸均与鲜味核苷酸具有协同作用,特别是谷氨酸单钠与 5′-肌苷酸(IMP)和 5′-鸟苷酸(GMP)等核苷酸共用时,鲜味物质的呈味阈值会大幅度下降,因而使食物中潜在的鲜味显示出来,整体鲜味得到强化。目前,5′-IMP 和 5′-GMP 均已工业化生产,与氨基酸类鲜味剂配合起着很好的助鲜效果,味感较强而且自然适口,添加量为味精的 0.01%~0.03% 即可达到此效果。用 95% 的谷氨酸钠加 2.5% 的肌苷酸钠及 2.5% 的鸟苷酸钠可配成强力味精,市场上已有销售。然而,各种核苷酸之间没有协同作用。

目前,市场上销售的“鸡精”“牛肉精”等复合鲜味调味品中含有味精、鲜味核苷酸、糖、盐、肉类提取物、蛋类提取物、香辛料和淀粉等成分,调味后能赋予食品以复杂而自然的美味,增加食品鲜味的浓厚感和饱满度,消除硫黄味和腥臭味等异味。需要注意的是,核苷酸类物质容易被食品中的磷酸酯酶分解,宜在食物加热完成之后再加入这类含有鲜味核苷酸的调味品。

4. 盐　盐是膳食中咸味的主要来源,成分是氯化钠,也是常用抑菌剂。钠离子可以提供最纯正的咸味,而氯离子为助味剂。糖可抵消咸味,醋可增加咸味。

食盐按加工精度,可分为粗盐、洗涤盐和精盐。粗盐经饱和盐水洗涤除去其中杂质后称为洗涤盐,再经过蒸发结晶可制成精盐,精盐的氯化钠含量达 90% 以上。

精盐经过调味或调配,可以制成各种盐产品。加碘盐,含碘 20~50mg/kg,可有效预防碘营养缺乏。低钠盐,当中加入 1/3 左右钾盐,包括氯化钾和谷氨酸钾等,可以在基本不影响调味效果的同时减少钠的摄入量。加入调味品制成的花椒盐、香菇盐、五香盐、加鲜盐等产品的营养价值与普通食盐基本一致。

世界卫生组织建议每人每天食盐用量不超过 6g 为宜。食盐即可完全满足机体对钠的需要。流行病学调查表明,钠的摄入量与高血压发病呈正相关。由于我国居民平均摄盐量远高于推荐数值,因此在日常生活当中应当注意控制食盐数量,已经患有高血压病、心血管疾病、糖尿病、肾疾病和肥胖等疾病的患者应当选择低钠盐。吃清淡少盐膳食应从幼年开始养成良好的习惯。

5. 糖和甜味剂　食糖是食品中甜味的主要来源,主要成分为蔗糖,分为白糖、红糖两类。白糖又分为白砂糖和绵白糖两类。白砂糖纯度最高,达 99% 以上;绵白糖纯度仅为 96% 左右,此外含有少量还原糖类,白糖吸湿性较强,容易结块。红糖含蔗糖 84%~87%,含有少量果糖和葡萄糖及较多的矿物质。

蔗糖除提供甜味外,还具有调和百味的作用,为菜肴带来醇厚的味觉,在炖烧菜肴中还具有促进美拉德反应而增色增香的作用,其褐色来自羰氨反应和酶促褐变所产生的类黑素。

食品中的各种单糖和双糖都具有甜味,果糖甜味最高,蔗糖次之,乳糖甜度最低。果糖、葡萄糖、乳糖、麦芽糖等甜味来源具有和蔗糖相等的能量值。

木糖醇、山梨醇、甘露醇等糖醇类物质为糖类加氢制成,为保健型甜味剂,不升高血糖,不引起龋齿,然而保持了糖类的基本物理性质,已经广泛应用于糖尿病病人、减肥者食用的甜食,以及口香糖、糖果等食品当中。

## 三、其他食品

### (一)酒

1. 酒的分类和命名

(1)按酿造方法分类

发酵酒:就是用含糖或淀粉的原料,经过糖化、发酵、过滤、杀菌后制成的酒,属低度酒,如黄酒、葡萄酒、甜酒、啤酒等。

蒸馏酒:指以含淀粉的原料,经糖化、发酵、蒸馏制成的酒,大多为高度酒,如白酒、威士忌、沃特加、白兰地、朗姆酒、金酒等。

配制酒:是用发酵酒或蒸馏酒(或食用酒精)为酒基,配加植物性药材、动物性药材或花果类等物质,经过调味配制而制成的酒,如药酒、鸡尾酒等。

(2)按酒中乙醇含量分类

低度酒:乙醇含量在20%以下。

中度酒:乙醇含量在20%~40%。

高度酒:乙醇含量在40%以上。

(3)按原料分类

白酒:高粱、玉米、稻米、薯干、米糠、高粱糠及野生淀粉等。

黄酒:稻米、玉米、小米。

果酒:葡萄、梨、苹果、猕猴桃。

2. 酒中的营养和非营养成分　酒中除乙醇外还含有多种杂质。

(1)酒的能量和营养成分

1)酒的能量每克乙醇可提供7kcal的能量。

2)酒中除含有乙醇外,还有酯类、酸类、醛类、杂醇油、铅等物质。白酒主要成分是乙醇;葡萄酒和啤酒中含有较多的蛋白质、肽类、氨基酸、糖类和有机酸;葡萄酒、黄酒和啤酒中矿物质含量较多,且含有多种维生素。

酒类中有机酸、酯、醇、醛、酮及酚类等,这些成分直接或间接赋予了酒的色泽、香型、风味、口感等,决定酒类的种类、档次和质量。

(2)酒中的非营养物质:①有机酸;②酯类,是酒的重要香气成分;③醇,主要成分是乙醇,90%以上在肝中分解;④醛和酮,要去除甲醛和糠醛;⑤酚类化合物。

(3)酒类的有毒成分:①甲醇,谷类白酒中含量应≤0.4g/L;②甲醛,毒性比甲醇高;③杂醇油,毒性比乙醇大,含量应≤0.2g/100ml。

### (二)茶叶

1. 分类

(1)按发酵程度分:发酵茶、半发酵茶、不发酵茶、后发酵茶。

(2)按色泽分:绿茶、红茶、青茶、黄茶、白茶、黑茶等。

(3)按茶叶商品形式分:条茶、碎茶、包装茶、速溶茶和液体茶。

(4)按采制工艺和茶叶品质分:绿茶、红茶、乌龙茶、白茶、青茶、花茶、黑茶和再加工茶。

2. 营养成分

(1)蛋白质:含量很高(20%~30%),但能利用的只有1%~2%。

(2)脂肪：2%～3%，包括磷脂、糖脂和各种脂肪酸，其中亚油酸和亚麻酸含量较多。

(3)糖类：20%～25%，多数为不溶于水的多糖。

(4)维生素：维生素含量丰富，含胡萝卜素 5800μg/100g，一定量的维生素 B、维生素 C 和维生素 E。

(5)无机盐：有 30 多种，包括钙、镁、铁、锌、铜、磷、硒等。

3. 非营养成分

(1)多酚类物质：儿茶素、类黄酮、黄酮苷类、花青素等，这些物质对防癌、抗癌、心血管疾病有很好的保健作用。

(2)色素：茶多酚类物质经酶促氧化聚合和其他一系列转化，形成有色的茶黄素、茶红素和茶褐素。

(3)嘌呤碱：主要有咖啡碱、可可碱和茶叶碱，对人有一定神经兴奋和利尿作用。

(4)芳香物质：脂肪族醇类、萜烯醇类、酮类、酯类等。

4. 茶叶的合理利用　防癌和抗癌；对心血管疾病有预防作用；抗血凝，抑制血小板聚集；降低血中胆固醇；抗氧化；抑菌、消炎、解毒和抗过敏。

**(三)蜂蜜**

蜂蜜由蜜蜂采集花蜜酿制而成，成分依蜂种和采集时令和花种类不同而有差别。蜂蜜中含有 60 多种有机成分，主要是糖类，果糖 39%、葡萄糖 34%、蔗糖 8%，还有蛋白质、糊精、脂类、多种有机酸、多种酶、多种维生素和多种矿物质。

蜂蜜有保健和治病作用，蜂乳(蜂王浆)有促进生长、促进新陈代谢、增加机体抵抗力、刺激生殖功能、促进造血、修复组织、调节神经、扩张冠状动脉、降低血糖等作用。

**(四)燕窝**

燕窝为金丝燕口吐胶所做的窝，分为毛燕窝、白燕窝、血燕窝和燕根四种。燕窝味甘性平、滋阴润燥，是有营养的有益食品。

燕窝的蛋白质含量很高，达 59.9%，糖类 30.6%，钙 429mg/100g，磷 30mg/100g，铁 4.9mg/100g。

燕窝主要含的是水溶性蛋白质，以及甘氨酸等氨基酸。因此较适合烧伤病人或放疗后的病人在康复期食用，帮助损伤细胞的修复、重建。还含有胶原蛋白、无机盐，因此也被用在各种美容化妆品中，对皮肤有益，也适合有肺部疾病的人。

## 讨论与思考

1. 谷类的主要营养成分是什么？有何组成特点？
2. 菌藻类营养素的含量、营养特点各是什么？
3. 蔬菜水果的营养价值特点，加工烹饪对营养价值有何影响？
4. 试述谷粒的结构和营养素分布情况。
5. 加工、烹饪及贮存如何影响谷类营养价值？
6. 豆类的营养价值如何？其中存在哪些抗营养因素？
7. 畜禽肉的主要营养成分是什么？如何合理利用？
8. 试述鱼类的营养价值。
9. 奶类和蛋类营养有何异同点？

10. 试述调味品的分类及主要调味品的营养价值。
11. 试述主要食用油脂的营养价值。
12. 试述植物油和动物油的异同点。

（赵　宏）

# 第4章

# 合理营养

**学习要点**

1. 合理营养、平衡膳食的概念和基本要求
2. 膳食营养素参考摄入量
3. 一般人群膳食指南
4. 中国居民平衡膳食宝塔

## 第一节 平衡膳食

人体需要的各种营养素都要从食物中获得,任何单一食物不可能提供人体所需要的全部营养素,只有将多种食物合理搭配,组成平衡膳食,才能满足人体对各种营养素的需求,达到合理营养、促进健康的目的。

### 一、合理营养

**(一)概念**

合理营养是向人们提供感官性状良好、容易消化吸收、营养素平衡的食物,还要求食物安全、无毒无害,符合国家的卫生标准。

**(二)基本要求**

1. 提供充足的能量和各种营养素,并达到平衡　能量和营养素不仅要维持机体新陈代谢、生长发育等基本生命活动的需要,还要满足机体有效地完成工作、生活的消耗需要。因此,要求食物提供的各种营养素和能量必须满足上述需要,不能出现不足或过量,以防止引起人体营养缺乏症或过多症。

2. 科学的贮存、加工和烹调方法　食物的贮存、加工、烹调应尽可能减少各种营养素的损失,提高其消化率和吸收率,并具有良好的色、香、味等感官性状,以促进食欲。

3. 合理的膳食制度和良好的进餐环境　膳食制度是指科学地安排一日的餐次、两餐之间的间隔、每餐的数量和质量,使进餐与日常生活制度和生理状况相适应,进餐和消化过程相协调。按照我国居民的工作和生活习惯,一般为一日三餐,每餐用膳时间一般为30min。全天各

餐食物数量分配的比例要适应工作性质、劳动强度、生理需要和生活习惯。就能量分配来说，通常早餐占全天总能量的30%，午餐占40%，晚餐占30%。进餐环境应清洁舒适。

4. 食物新鲜、干净，对人体无毒无害，质量符合食品卫生标准　食物不应含有对人体造成危害的各种有害因素，食品中的微生物、有害成分、农药残留、食品添加剂、真菌及其毒素等应符合中华人民共和国食品卫生标准的规定。

**重点提示**

合理营养是一个综合性的概念，通过合理营养可以提高人群的健康水平和抗病能力。

## 二、膳食结构

### （一）概念

膳食结构是指膳食中各类主要食物的数量和种类的组成。膳食结构既反映人们的饮食习惯、生活水平，也反映一个国家的经济发展水平和农业发展状况。适当地干预膳食结构可促使机体向更有利于健康的方向发展。

### （二）类型

膳食结构类型的划分有许多方法。根据膳食中动、植物性食物所占的比重以及能量、蛋白质、脂肪和糖类的供给量作为划分膳食结构的标准，可将世界不同地区的膳食结构分为以下四种类型。

1. 动、植物性食物平衡式膳食结构　膳食中动物性食物与植物性食物比例比较适当。即营养型模式，以日本为代表。其主要特点是：能量能满足机体需要，又不至于过剩。蛋白质、脂肪和糖类的供能比例合理。其中植物性食物提供的能量占总能量的50%～60%，蛋白质40%～50%来源于动物性食物。此类膳食结构的人群心血管疾病等发病率低，营养缺乏病较少见。

2. 以植物性食物为主的膳食结构　膳食中以植物性食物为主，动物性食物为辅。即温饱型模式，以发展中国家为代表。其主要特点是：植物性食物消费量大，所提供的能量占总能量的80%以上；动物性食物消费量小。该类型的膳食能量基本可满足人体需要，但蛋白质、脂肪摄入量低，主要来自动物性食物的营养素（如铁、钙、维生素A等）摄入不足。此类膳食结构人群易患各种营养缺乏症、传染病等，体质低下、劳动能量相对降低。营养缺乏病是这些国家人群的主要营养问题。

3. 以动物性食物为主的膳食结构　以欧美发达国家为代表。膳食中动物性食物提供的能量达到总能量的50%，谷类等植物性食物所提供的能量较少。其主要特点是高蛋白、高能量、高脂肪的“三高”型膳食。此类膳食结构人群营养过剩，易患肥胖病、高血压、冠心病、糖尿病等疾病。

4. 地中海式膳食结构　是居住在地中海地区的居民所特有的。以意大利、西班牙、希腊等国家为代表。其膳食结构的主要特点是：膳食富含植物性食物，食物的加工程度低，新鲜度较高，新鲜水果是典型的餐后食品；每天食用适量的奶酪和酸奶；经常吃适量的鱼、禽、蛋，而猪肉、牛肉、羊肉等红肉吃得较少；甜食吃得少；橄榄油是主要的食用油，饱和脂肪酸所占比例较低，占总能量的7%~8%；大部分成年人有饮用葡萄酒的习惯。地中海地区居民心脑血管疾病发生率很低，已引起了各个国家的注意，并纷纷参照这种膳食模式改进自己国家的膳食结构。

**重点提示**

在四种膳食结构中，动、植物性食物平衡式膳食结构和地中海式膳食结构对健康有利，是值得借鉴和学习的。

## 三、平衡膳食

### （一）概念

平衡膳食也称合理膳食，是指膳食中的能量和营养素数量充足、种类齐全、相互间比例恰当，与机体需要保持平衡的膳食。合理营养是健康的物质基础，而平衡膳食又是合理营养的根本途径。

### （二）基本要求

1. *食物品种多样、数量充足* 平衡膳食必须包括五大类食物，即粮豆类、动物性食物类、乳类、水果蔬菜类和烹调油类。同类食物中的各种食品要经常更换，每日食物要达到20种以上。

2. *能量来源比例合理* 一方面供能食物来源构成要合理，一般认为粮谷类占60%~70%，薯类占5%~10%，豆类占5%，动物类占20%~25%。另一方面三大供能营养素的比例要合理，糖类、蛋白质、脂肪的供能比例各占供能总量的55%~65%、10%~15%、20%~25%。

3. *蛋白质来源搭配合理* 膳食中优质蛋白质（动物蛋白和大豆蛋白）摄入比例应大于1/3，对于老年人、儿童及病人等特殊人群要达到1/2。

4. *脂肪来源组成合理* 膳食中植物性脂肪与动物性脂肪的比例为60%与40%，以保证必需脂肪酸的需要量。饱和脂肪酸不应超过总能量的10%。

5. *其他营养素的来源摄入量合理* 其他营养素的摄入应以营养素参考摄入量的标准为宜。铁、钙等矿物质还应注意其来源和吸收率。维生素A至少应有1/3来自动物性食物。有些营养素如维生素A、维生素$B_2$等容易发生摄入量不足，应适当补充。

# 第二节 膳食营养素参考摄入量

食物与营养是人类生存的基本条件，也是反映一个国家经济水平和人民生活质量的重要指标。目前，我国由于经济发展的不平衡，以及人群营养知识的不足，居民膳食结构还存在很多不合理之处，出现了营养缺乏病和营养过剩性疾病并存的现状。为了帮助人们合理地摄取各种营养素，许多国家制定了本国的膳食营养素供给量标准。

## 一、营养素生理需要量

营养素生理需要量是指每日某个体对某种营养素的需求，是维持正常生理功能和机体健康的最低摄入量。生理需要量受多种因素影响,如身高、体重、年龄、性别、生理状况、劳动强度等。确定营养素需要量比较复杂,各种营养素之间也互相影响,目前主要通过膳食调查、生化试验、营养生理,结合机体的不同生理情况和劳动条件而制定。营养素生理需要量的研究,是制定营养素供给量的理论依据。

## 二、营养素供给量

每日膳食营养素供给量(recommended dietary allowance,RDA)也称营养素供给量标准,是在生理需要量的基础上考虑了人群的个体差异、应激需要、食物加工中营养素的损失、消化吸收率、食物生产供应等因素而制定的社会各人群每日膳食中应含有的能量和各种营养素的种类、数量的建议。这个数值略高于生理需要量。我国自 1995 年开始制定 RDA,建议把我国居民的膳食营养素摄入水平,作为计划食物供应和评价膳食质量的依据。随着科学研究和社会实践的发展,我国营养学会在 RDA 的基础上经过长期研究,于 2000 年 10 月提出了更完善、更接近新时代的国人需要的膳食营养素参考摄入量。

## 三、膳食营养素参考摄入量

膳食营养素参考摄入量(dietary reference intakes,DRIs)是在每日膳食营养素供给量(RDA)的基础上发展起来的一组每日平均膳食营养摄入量的参考值。DRIs 既是衡量所摄入的营养素是否适宜的尺度,又是帮助个体和人群制定膳食计划的工具。包括四项内容:

**(一)平均需要量**(estimated average requirement,EAR)

EAR 是群体中各个体需要量的平均值,是根据个体需要量的研究资料计算得到的。EAR 是能满足群体中 50% 的成员需要水平,但不能满足另外半数个体的需要。EAR 是制定推荐摄入量的基础,可用于评价和计划人群的膳食摄入量,对于个体可用于检查摄入量不足的可能性。

**(二)推荐摄入量**(recommended nutrient intake,RNI)

RNI 相当于传统使用的 RDA,是可以满足某一群体中绝大多数(97%~98%)个体需要量的摄入水平。长期摄入 RNI 水平,可以满足身体对该营养素的需要,保持健康和维持组织中有适当的储备。RNI 的主要用途是作为个体每日摄入该营养素的目标值,不是评价个体或群体膳食质量的标准,也不能作为群体膳食计划的根据。

**(三)适宜摄入量**(adequate intake,AI)

AI 是指通过观察或实验获得的健康人群某种营养素的摄入量。当某种营养素的个体需要量的研究资料不足,没有办法计算出 EAR,因而不能求得 RNI 时,可设定适宜摄入量来代替 RNI。例如纯母乳喂养的足月产健康婴儿,从出生至 4~6 个月,他们的营养素全部来自母乳,故母乳中供给的各种营养素量就是婴儿的 AI 值。AI 与 RNI 相似之处是两者都用于个体摄入量的目标,能满足目标人群中几乎所有个体的需要。AI 和 RNI 的区别在于 AI 的准确性远不如 RNI,有时可能明显地高于 RNI。

**(四)可耐受最高摄入量**(tolerable upper intake level,UL)

UL 是平均每日可以摄入该营养素的最高量。“可耐受”的含义是指这一摄入水平一般是可以耐受的,对人群的几乎所有个体一般不至于损害健康。当摄入量超过 UL 进一步增加时,损害健康的危险性随之增大。UL 是日常摄入量的最高限量,并不是一个建议的摄入水平。对许多营养素来说，当前还没有足够的资料来制定他们的UL，所以没有UL值并不意味着过多摄入这些营养素没有潜在的危险。

**重点提示**

DRIs是应用于健康人的膳食营养标准，它不是营养治疗标准，也不是为营养缺乏病而制定的营养补充标准。

# 第三节 膳食指南

膳食指南是根椐营养科学原则和百姓健康需要，结合当地食物生产供应情况及人群生活实践，给出的食物选择和身体活动的指导意见。

## 一、中国居民膳食指南

为了适应我国居民膳食消费和营养状况的发展变化，更好地指导居民合理选择食物，达到平衡膳食、合理营养、促进健康的目的，2014年起，中国营养学会重新修订《中国居民膳食指南》，形成了《中国居民膳食指南(2016)》系列指导性文件。

**(一)一般人群膳食指南**

一般人群膳食指南适用于2岁以上健康人群，共有6个核心推荐条目。

1. 食物多样，谷类为主　每天的膳食应包括谷薯类、蔬菜水果类、畜禽鱼蛋奶类、大豆坚果类等食物。建议平均每天摄入12种以上食物，每周25种以上。每天摄入谷薯类食物250~400g，其中全谷物和杂豆类50~150g，薯类50~100g。食物多样，谷类为主是平衡膳食模式的重要特征。

2. 吃动平衡，健康体重　各个年龄段人群都应该坚持天天运动、维持能量平衡、保持健康体重。食不过量，控制总能量摄入，保持能量平衡。每周至少进行5天中等强度身体活动，累计150分钟以上；坚持日常身体活动，平均每天主动身体活动6000步；尽量减少久坐时间，每小时起来动一动。

3. 多吃蔬菜、奶类、大豆　蔬菜水果是平衡膳食的重要组成部分，奶类富含钙，大豆富含优质蛋白质。提倡餐餐有蔬菜，推荐每天摄入300~500g，深色蔬菜应占1/2。天天吃水果，推荐每天摄入200~350g新鲜水果，果汁不能代替鲜果。吃各种奶制品，摄入量相当于每天液态奶300g。经常吃豆制品每天相当于大豆25g以上，适量吃坚果。

4. 适量吃鱼、禽、蛋、瘦肉　鱼、禽、蛋和瘦肉摄入要适量。推荐每周吃水产类280~525g，畜禽肉280~525g，蛋类280~350g，平均每天摄入禽、蛋和瘦肉总量120~200g。动物性食物优先选择鱼和禽类。吃鸡蛋不弃蛋黄。少吃肥肉、烟熏和腌制肉制品。

5. 少盐少油，控糖限酒　培养清淡饮食习惯，少吃高盐和油炸食品。成人每天食盐不超过6g，每天烹调油25~30g。控制添加糖的摄入量，每天摄入不超过50g，最好控制在25g以下。每日反式脂肪酸摄入量不超过2g。足量饮水，成年人每天7~8杯(1500~1700ml)，提倡饮用白开水和茶水;不喝或少喝含糖饮料。儿童少年、孕妇、乳母不应饮酒。成人如饮酒,男性一天饮用酒的酒精量不超过25g,女性不超过15g。

6. *杜绝浪费,兴新食尚* 珍惜食物,按需备餐,提倡分餐不浪费。选择新鲜卫生的食物和适宜的烹调方式。食物制备生熟分开、熟食二次加热要热透。学会阅读食品标签,合理选择食品。多回家吃饭,享受食物和亲情。传承优良文化,兴饮食文明新风。

### (二)特定人群膳食指南

特定人群包括孕妇、乳母、儿童青少年和老年人。特定人群膳食指南是根据这些人群的生理特点和营养需要而制定。其中0~2岁的婴幼儿喂养指南全面给出了核心推荐和喂养指导,其他特定人群的膳食指南均是在一般人群膳食指南的基础上给予的补充说明。

## 二、中国居民平衡膳食宝塔

中国居民平衡膳食宝塔(见附录C)是根据《中国居民膳食指南(2016)》的核心内容和推荐,结合中国居民膳食的实际状况,把平衡膳食的原则转化成各类食物的数量和比例的图形化表示。

### (一)中国居民平衡膳食宝塔的结构

膳食宝塔共分五层,各层面积大小不同,体现5类食物和食物量的多少。食物数量是根据不同能量需要而设计,宝塔旁边的文字注释,标明了能量在1600~2400kcal时,一段时间内成人每天各类食物摄入量的平均范围(以原料的生重可食部分计算)。

1. *第一层:谷薯类食物* 成人每人每天应摄入谷、薯、杂豆类250~400g,其中全谷物50~100g(包括杂豆类),新鲜薯类50~100g。

2. *第二层:蔬菜水果* 每天应摄入蔬菜类300~500g,水果类200~350g。

3. *第三层:鱼、禽、肉、蛋等动物性食物* 每天总量120~200g,建议每天畜禽肉的摄入量40~75g,少吃加工类肉制品,水产品推荐每天摄入量为40~75g,每天1个鸡蛋。

4. *第四层:乳类、大豆和坚果* 鼓励多摄入乳类、豆类,每天应吃相当于鲜奶300g的奶类及奶制品,推荐大豆和坚果制品摄入量为25~35g,坚果建议每周70g左右(每天10g左右)。

5. *第五层:烹调用油和盐* 成人每天烹调油不超过25~30g,食盐摄入量不超过6g。

6. *运动和饮水* 身体活动和水的图示包含于图形中,强调身体活动和足量饮水的重要性。轻体力劳动的成年人每日至少饮水1500~1700ml(约7~8杯);在高温或强体力活动的条件下,应适当增加。运动或身体活动是能量平衡和保持身体健康的重要手段,推荐成年人每天进行相当于快步走6000步以上的身体活动,每周最好进行150分钟中等强度的运动,如骑车、跑步、庭院或农田的劳动等。

### (二)中国居民平衡膳食宝塔的应用

1. *根据自己的能量水平确定食物需要* 膳食宝塔建议的每人每日各类食物摄入量范围适用于一般健康成年人。在实际应用时要根据个人年龄、性别、身高、体重、劳动强度、季节等情况适当调整。例如,劳动强度大的年轻人需要能量多,应适当多吃主食,而活动量小的老年人需要能量少,可少吃主食。此外,平衡膳食宝塔建议的各类食物摄入量是一个平均值和比例,每日膳食中应当包含宝塔中的各类食物,并符合其比例。

2. *食物同类互换,调配丰富多彩的膳食* 人们吃多种多样的食物不仅是为了获得均衡的营养,也是为了使膳食更加丰富多彩以满足口味的享受。宝塔包含的每一类食物中都有许多品种,虽然每种食物各具特色,但同一类中各种食物所含营养成分大体相近,在膳食中可以互相替换。

3. 因地制宜充分利用当地资源　我国幅员辽阔,各地的饮食习惯及物产不尽相同,只有因地制宜充分利用当地资源才能有效地应用膳食宝塔。

4. 养成习惯,长期坚持　膳食对健康的影响是长期的结果。应自幼养成习惯,并坚持不懈,才能充分体现其对健康的重大促进作用。

### 讨论与思考

1. 如何使膳食平衡合理?
2. 你是怎样按照"膳食指南"选择食物的?请举例说明。

(王春梅　靳　平)

# 第 5 章

# 食品科学与安全食品

**学习要点**

1. 无公害农产品、绿色食品和有机食品的概念、区别及标志
2. 保健食品的概念
3. 转基因食品的安全性

## 第一节　无公害农产品、绿色食品与有机食品

随着社会经济的发展和人民生活水平的提高，人们对食品的质和量有了更多更新的需求，其中食品安全问题也越来越受关注。

安全食品主要包括无公害食品、绿色食品、有机食品。这三类食品像一个金字塔，塔基是无公害农产品，中间是绿色食品，塔尖是有机食品，越往上要求越严格，也越有益于健康。

无公害食品、绿色食品与有机食品是三类有着特殊产品质量要求和相应的生产、加工标准的安全食品。生产、加工和食用无公害食品、绿色食品与有机食品，既是世界范围食品消费的需要，也是人们生活水平、认识水平不断提高的必然结果。

### 一、无公害农产品

无公害食品是由无公害农产品加工而成的食品，是按照无公害食品生产的技术标准和要求生产的、符合通用卫生标准并经有关部门认定的安全食品。

20 世纪 80 年代后期，为控制农产品中农药残留、有毒有害物质污染食品等问题，部分省、市开始推出无公害农产品。2001 年 4 月，农业部提出“无公害食品行动计划”，并在北京、上海、天津、深圳 4 个城市进行试点；2002 年，“无公害食品行动计划”在全国范围内展开；2003 年 4 月，全国统一标志的无公害农产品认证工作展开。

**(一) 无公害农产品的概念**

无公害农产品是指产地环境、生产过程和产品质量符合国家有关标准和规范的要求，经认证合格获得认证证书并允许使用无公害农产品标志的优质农产品及其加工制品。

在当前的自然环境和技术条件下,要生产出完全不受有害物质污染的农产品难度较大。无公害农产品在生产过程中允许限时间、限品种、限量地使用人工合成的安全的化学农药、兽药、肥料、饲料添加剂等,产品中不含有有关规定中不允许的有毒物质,并将某些有害物质控制在标准允许的范围内,以保证人们对食品质量安全的基本需要。以无公害蔬菜为例,应达到"优质、卫生"。"优质"是指品质好、外观美,维生素C和可溶性糖含量高,符合商品营养要求;"卫生"是指3个不超标,即农药残留不超标、不含禁用的剧毒农药、其他农药残留不超过标准允许量;硝酸盐含量不超标,一般控制在432mg/kg以下;工业三废和病原菌微生物等对商品蔬菜造成的有害物质含量不超标。

### (二)无公害农产品的基本要求

无公害农产品具有安全性、优质性、高附加值三个明显特征,应达到以下要求:

1. 产品或产品原料产地必须符合无公害农产品(食品)的生态环境标准。
2. 农作物种植、畜禽饲养、水产养殖及食品加工等必须符合无公害食品的生产操作规程。
3. 产品必须符合无公害食品的质量和卫生标准。
4. 产品的标签必须符合《无公害食品标志设计标准手册》中的规定。
5. 使用无公害农产品标志。

因此,无公害农产品可以概括为无污染、安全、优质、有营养并通过管理部门认证的食品,严格来讲,无公害是对普通食品都应达到的一种基本要求。

### (三)无公害农产品的标志

无公害农产品执行全国统一的标志,标志图案主要由橙色的麦穗、对勾和绿色的"无公害农产品"字样等组成,见图5-1。

图5-1　无公害农产品标志

## 二、绿色食品

20世纪90年代初期,我国基本解决了农产品的供需矛盾,农产品农药残留问题引起社会广泛关注,食源性疾病频频发生,绿色食品成为社会的强烈期盼。

### (一)绿色食品的概念

绿色食品在中国是对具有无污染的安全、优质、营养类食品的总称。指按特定生产方式生产,并经中国绿色食品发展中心认定,准许使用绿色食品标志的无污染、无公害、安全、优质、营养类的食品。

### (二)绿色食品的基本要求

绿色食品实行"绿色食品标志管理",它是一种质量证明的管理,获得绿色食品标志使用权的产品,必须同时符合下列条件:①产品或产品原料的产地必须符合绿色食品的生态环境标准;②农作物种植、畜禽饲养、水产养殖及食品加工必须符合绿色食品的生产操作规程;③产品必须符合绿色食品的质量和卫生标准;④产品的标签必须符合中国农业部制定的《绿色食品标志设计标准手册》中的有关规定。

### (三)绿色食品的标志

绿色食品标志由中国绿色食品发展中心在国家工商行政管理局正式注册的质量证明商标,由太阳、叶片与蓓蕾组成,见图5-2。

A级绿色食品标志　　AA级绿色食品标志

**图 5-2　A 级绿色食品标志及 AA 级绿色食品标志**

### (四)绿色食品的特征

绿色食品与普通食品相比有三个显著特征。

1. 强调产品出自最佳生态环境　绿色食品生产从原料产地的生态环境入手,通过对原料产地及其周围的生态环境因子严格监测,判定其是否具备生产绿色食品的基础条件。

2. 对产品实行全程质量控制　绿色食品生产实施“从土地到餐桌”全程质量控制,而不是简单地对最终产品的有害成分含量和卫生指标进行测定,从而在农业和食品生产领域树立全新的质量观。

3. 对产品依法实行标志管理　绿色食品标志是一个质量证明商标,属知识产权范畴,受《中华人民共和国商标法》保护。

### (五)绿色食品分级标准

1996 年,在我国绿色食品申报审批程序中,将绿色食品分 A 级绿色食品和 AA 级绿色食品两种。

1. A 级绿色食品　A 级绿色食品标志为绿底白字,AA 级绿色食品标志为白底绿字。该标志由中国绿色食品协会认定颁发。

A 级绿色食品,系指在生态环境质量符合规定标准的产地、生产过程中允许限量使用限定的化学合成物质,按特定的生产操作规程生产、加工、产品质量及包装经检测、检查符合特定标准,并经专门机构认定,许可使用 A 级绿色食品标志的产品。

2. AA 级绿色食品　AA 级绿色食品(等同有机食品),系指在生态环境质量符合规定标准的产地,生产过程中不使用任何有害化学合成物质,按特定的生产操作规程生产、加工、产品质量及包装经检测、检查符合特定标准,并经专门机构认定,许可使用 AA 级绿色食品标志的产品。我国 A 级绿色食品标志、AA 级绿色食品标志见图 5-2。

## 三、有机食品

20 世纪 70 年代,由于发达国家农产品过剩与生态环境恶化的矛盾以及环保主义运动的开展,国际上出现了有机食品,以 1972 年国际有机农业运动联盟的成立为标志。我国从 1989 年开始了有机食品的开发工作。1994 年,我国环保总局在南京成立有机食品中心,标志着有机食品在我国迈出了实质性的步伐。

### (一)有机食品的概念

有机食品是有机农业的产物,在国外也称作生态或生物食品。这里所说的“有机”不是化学上的概念。有机食品是指来自于有机农业生产体系，根据国际有机农业生产要求和相应的标准生产加工的、并通过独立的有机食品认证机构认证的农副产品及加工品。包括粮食、蔬菜、水果、奶制品、禽畜产品、蜂蜜、水产品、调料等。

**（二）有机食品的基本要求**

1. *有机食品生产的基本要求*　生产基地在最近 3 年内未使用过农药、化肥等违禁物质；种子或种苗来自于自然界，未经基因工程技术改造过；生产单位需建立长期的土地培肥、植物保护、作物轮作和畜禽饲养、水产养殖计划；生产基地无水土流失及其他环境问题；作物在收获、清洁、干燥、贮存和运输过程中未受化学物质的污染；从常规种植向有机种植转换需要两年以上的转换期，新开垦荒地例外；有机生产的全过程必须有完整的记录档案。

2. *有机食品加工的基本要求*　原料必须是来自已获有机颁证的产品或野生天然产品；在认证产品生产中的配料、辅料、添加剂、加工助剂或发酵材料等不得使用经基因工程技术改造过的生物体生产出来的产品；已获得有机认证的原料在终产品中所占的比例不得少于 95%；只允许使用天然的调料、色素和香料等辅助原料，禁止使用人工合成的添加剂；有机食品在生产、加工、贮存和运输过程中应避免化学物质的污染；生产者在有机食品加工和销售过程中需有完善的质量审查体系和完整的加工、销售记录体系。

**（三）有机食品必须具备的条件**

1. 食品的原料必须是来自于已经建立或正在建立的有机农业生产体系，或者是采用有机方式采集的野生天然产品。

2. 在整个生产过程中必须严格遵循有机食品的加工、包装、储藏、运输的标准和要求。

3. 在生产和流通过程中必须有完整的质量控制体系和跟踪审查体系，并有完整的生产和销售记录及档案。

4. 在整个生产过程中尽最大可能减小对环境的污染和生态破坏的影响。

5. 必须通过独立的、经认可的有机食品认证机构的认证。使用有机食品标志。

**（四）有机食品标志**

有机农产品在全球范围内无统一标志，各国标志正显现多样化。我国有机食品的标志见图 5-3。

图 5-3　有机食品的标志

## 第二节　保健食品、强化食品与转基因食品

社会发展和科技进步极大地改善了人们的饮食文化和膳食结构，人们对食品质和量的需求标准也越来越高。为满足人们的这种需求，相继开发了保健食品、强化食品和转基因食品。这三类食品的生产、加工、适用人群和安全管理均不相同，其中，保健食品可以促进特定人群的健康；强化食品营养价值高，能满足不同人群需要；转基因食品具有优良品质和高产等优势，能满足人类日益增长的饮食需要。

## 一、保健食品

随着经济的发展和社会的进步，人们对健康的认识和追求也在不断提高。自 20 世纪 80 年代末和 90 年代初，大量具有改善和调节人体功能的保健食品相继在许多国家开始研制和生产，并得到了快速发展，满足人们对食品功能提出的新需求，提高生活质量。

### （一）保健食品的概念

保健食品是指表明具有特定保健功能的食品，即适宜于特定人群食用，具有调节机体功能，不以治疗疾病为目的的食品。

### （二）保健食品的基本特征

1. 保健食品是食品的一种特殊类型，具有食品的基本特征：应无毒无害，保证食用安全性，符合应有的食品卫生要求。

2. 保健食品除具有食品的一般特征外，还要具有特定的保健功能使之与普通食品相区别。它具有明确的、具体的、有针对性的，而且经过科学验证是肯定的保健功能。

3. 保健食品是针对特定人群而设计的，食用范围不同于一般食品。

4. 安全，有功能，而无“适应证”“禁忌证”和不良反应，不需在医生监督下食用，不以治疗为目的。

5. 保健食品的属性可以是传统食品属性，如酒、饮料，也可以是胶囊、片剂等属性。

6. 保健食品组成应有功效成分或产生功能作用的原料。

### （三）保健食品的基本要求

我国《保健食品管理办法》规定，保健食品必须符合以下要求：

1. 应保证对人体不产生任何急性、亚急性或慢性危害。

2. 应通过科学实验（功能成分定性、定量分析；动物或人群功能试验），证实确有有效的功能成分和有明显、稳定的调节人体功能的作用；或通过动物（人群）试验，确有明显、稳定的调节人体功能的作用。

3. 配方、生产工艺应有科学依据。

4. 标签、说明书及广告不得宣传疗效作用。

### （四）保健食品的功能

不同的保健食品由于产品原料和所含功效成分不同，各有其针对适宜人群的保健功能，自 2005 年 7 月之后，我国批准的保健食品主要分为两类：一是补充维生素、矿物质的营养素补充剂类。二是具有特定的保健功能的保健食品，保健功能分为 27 项，包括辅助降血脂、辅助降血糖、辅助降血压、抗氧化、辅助改善记忆、促进排铅、清咽、促进泌乳、减肥、改善生长发育、改善营养性贫血、调节肠道菌群、促进消化、通便、对胃黏膜损伤有辅助保护功能、缓解视疲劳、祛痤疮、祛黄褐斑、改善皮肤水分、改善皮肤油分、增强免疫力、改善睡眠、缓解体力劳动、提高缺氧耐受力、对辐射危害有辅助保护功能、增加骨密度、对化学性肝损伤有辅助保护功能。

### （五）保健食品的标志

保健食品标志为天蓝色图案，下有保健食品字样，俗称“蓝帽子”，见图 5-4。

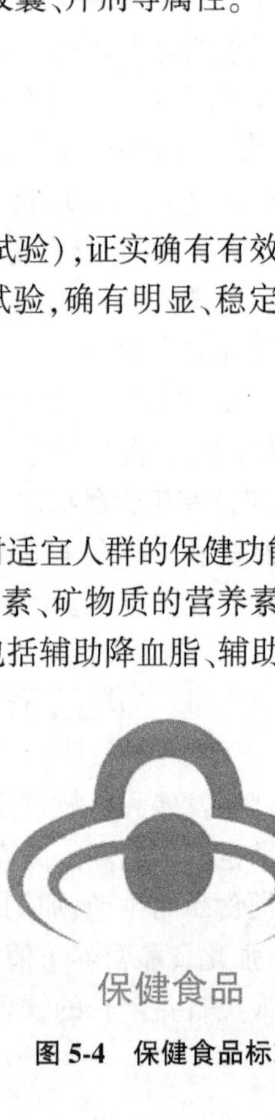


图 5-4　保健食品标志

## 二、强化食品

强化食品在全球范围内的食品领域中是很重要的一个分支。目前具有强制性食品强化法规的国家已有80多个。我国在20世纪80年代以后,开始逐渐在一些缺碘比较严重的地方供应碘盐。20世纪90年代制定法规进行食盐加碘强化。20世纪末,国家8部委联合发起"公共营养改善项目",旨在通过强化食品来提高我国公众的营养健康状况。该项目内容包含食用油中添加维生素A、面粉中添加营养素、酱油中添加铁、婴儿食品中添加营养素等。

### (一)强化食品的概念

人们为了提高天然食品的营养价值或补充某些营养成分的不足,将一种或多种营养素添加到食品中去,这种经过添加营养素的食品称为强化食品。加工生产强化食品被称为食品强化。

在进行食品强化过程中,被强化的食品通常被称为载体,所添加的营养素(包括天然的和合成的)称为食品强化剂。

### (二)食品强化的目的

1. *弥补天然食物的营养缺陷* 除母乳可以满足4个月以内婴儿的营养需要外,自然界中没有一种天然食品能满足人体的全部营养需要。例如,以米、面为主食的人群,除了可能发生维生素缺乏外,赖氨酸等必需氨基酸的含量偏低可能影响食物的营养价值。新鲜果蔬含有丰富的维生素C,但其蛋白质和能源物质欠缺。乳、肉、禽、蛋等食物含有丰富的优质蛋白,但其维生素含量可能不能满足机体的需要,尤其缺乏维生素C。对于居住在不同地区的人群,由于地质环境的关系,食物中可能缺碘,或者缺硒。因此,有针对性地进行食品强化、增补天然食物缺少的营养素,可大大提高食品的营养价值,改善人们的营养和健康水平。

2. *补充食品在加工、贮存及运输过程中营养素的损失* 多数食品在消费之前需要贮存、运输、加工、烹调,才能到达消费者手中。在这一系列过程中,机械的、化学的、生物的因素均会引起食品部分营养素的损失,有时甚至造成某种或某些营养素的大量损失。例如在碾米和小麦磨粉时有多种维生素的损失,而且加工精度越高,损失越大,有的维生素损失高达70%以上。又如在水果、蔬菜的加工过程中,很多水溶性和热敏性维生素损失均超过50%。因此,为了弥补营养素在食品加工、贮存等过程中的损失,满足人体的营养需要,在上述食品中适当增补一些营养素是很有意义的。

3. *简化膳食处理,方便摄食* 由于天然的单一食物不可能含有人体所需全部营养素,人们为了获得全面的营养就必须同时进食多种食物。例如,婴儿的膳食处理很繁杂。即使母乳喂养的婴儿,在4~6个月以后,也必须按不同月龄增加辅助食品,如肝泥、蛋黄、肉末、米粥或面片、菜泥、菜汤和果泥等,用于补充其维生素等不足。原料的购买及制作均较麻烦,且易忽视,从而影响婴儿的生长、发育和身体健康。若在乳制品中强化多种维生素和无机盐等供给婴儿食用,可以很方便地满足婴儿的营养需要。

4. *适应不同人群的营养需要* 对于不同年龄、性别、工作性质,以及处于不同生理、病理状况的人来说,他们所需营养是不同的,对食品进行不同的营养强化可分别满足需要。例如,婴儿是人一生中生长发育最快的时期,需要有充足的营养素供给。婴儿以母乳喂养最好,一旦母乳喂养有问题,则需要有适当的"代乳食品"。此外,随着孩子长大,不论是以人乳或牛乳喂养都不能完全满足孩子的需要,也有必要给以辅助食品。人乳化配方奶粉就是以牛乳为主要原料，以类似人乳的营养素组成为目标，通过强化维生素、添加乳清蛋白、不饱和脂肪酸及乳糖等营养成分，使其组成成分在数量上和质量上都接近母乳，更适合婴儿的喂养。

5. 预防营养不良　营养强化是营养干预的主要措施之一，在改善人群的营养状况中发挥着巨大的作用。从预防医学的角度看，食品营养强化对预防和减少营养缺乏病，特别是某些地方性营养缺乏病具有重要的意义。例如对缺碘地区的人采取食盐加碘可大大降低甲状腺肿的发病率，用维生素 C 防治维生素 C 缺乏病等。与营养补充剂或保健食品比较，营养强化食品对于改善营养缺乏不仅效果良好，而且价格低廉，适于大范围推广。在发达国家，营养强化已经具有很长的历史，并取得了很大的成功，积累了很多的先进经验。现在，越来越多的发展中国家也开始重视并采取多种措施，大力推行食品的营养强化。

**（三）对食品强化的要求**

1. 生产厂家必须对食品强化要给什么人，解决什么营养问题提出明确论证。

2. 必须有相应的理论和实验依据：论证强化食品配方是符合营养学原理的，是不破坏营养素平衡的，是确有效应的。

3. 强化食品必须有食用安全性保证。

4. 强化食品必须在感官、口感、价格、工艺上是可行的、有竞争力的。

5. 使用营养强化剂必须符合有关标准的要求。

## 三、转基因食品

基因工程技术自 20 世纪 70 年代产生至今虽只有几十年的时间，但从研究开发新技术到实际生产应用已得到了迅速发展，世界上第一种转基因食品是 1993 年投放美国市场的西红柿。转基因食品具有产量高、品质优、抗病性好等优点，正日益受到许多国家的重视。但是，作为一类新的食品资源，其食品安全问题和环境安全问题仍需进行深入研究，对转基因食品卫生和安全管理的研究和立法也在不断完善。

**（一）转基因食品的概念**

转基因食品又称基因修饰食品，系指以利用基因工程技术改变基因组构成的动物、植物和微生物而生产的食品。转基因食品包括三种形式：

1. 转基因动植物、微生物产品，如转基因大豆。

2. 转基因动植物、微生物直接加工品，如由转基因大豆加工的豆油。

3. 以转基因动植物、微生物或者直接加工品为原料生产的食品，如用转基因大豆油加工的食品。

以转基因动植物、微生物生产的食品添加剂虽不属于食品，但因其含有转基因成分，也应当按转基因食品进行管理。

**（二）转基因食品的类型**

从 1993 年至今，动物来源的、植物来源的和微生物来源的转基因食品发展非常迅速，各种类型转基因食品应运而生。如：

1. 增产型　农作物增产与其生长分化、肥料、抗逆、抗虫害等因素密切相关，故可转移或修饰相关的基因达到增产效果。

2. 控熟型　通过转移或修饰与控制成熟期有关的基因可以使转基因生物成熟期延迟或提前，以适应市场需求。最典型的例子是延熟速度慢，不易腐烂，易贮存。

3. 高营养型　许多粮食作物缺少人体必需的氨基酸,为了改变这种情况,可以从改造种子蛋白质基因入手,使其表达的蛋白质具有合理的氨基酸组成。现已培育成功的有转基因玉米、土豆和菜豆等。

4. 保健型　通过转移病原体抗原基因或毒素基因至粮食作物或果树中,人们吃了这些粮食或水果,相当于在补充营养的同时服用了疫苗,起到预防疾病的作用。有的转基因食物可以防止动脉粥样硬化和骨质疏松。一些防病因子也可由转基因牛奶得到。

5. 新品种型　通过不同品种间的基因重组可形成新品种,由其获得的转基因食品可能在品质、口味和色香方面具有新的特点。

6. 加工型　由转基因产物做原料加工制成,花样最为繁多。

**(三)转基因食品的优点**

1. 提高作物产量,解决粮食短缺问题　农作物增产与肥料、抗逆、抗虫害等因素密切相关,故可转移或修饰相关的基因达到增产效果,以保障食品、饲料和多种作物的供给。

2. 减少农药使用,避免环境污染　通过转基因作用可以使作物不再被害虫侵害,从而减少农药的使用,提高食品的质量,减少环境污染,使环境更安全。

3. 节省生产成本,降低食物售价　通过转移或修饰与控制成熟期有关的基因可以使转基因生物成熟期延迟或提前,以适应市场需求,节省生产成本。如转基因西红柿,延熟速度慢,不易腐烂,好贮存,可减少加工生产及运输中的浪费。

4. 增加食物营养,提高附加价值　许多粮食作物缺少人体必需的氨基酸,为了改变这种情况,可以通过转基因技术改善谷类食品的蛋白质质量,使蛋白质具有合理的氨基酸组成。现已培育成功的有转基因玉米、土豆和菜豆。

5. 增加食物种类,提升食物品质　通过不同品种间的基因重组可形成新品种,由其获得的转基因食品可能在品质、口味和色香方面具有新的特点。如油菜籽的芥酸含量问题一直困扰着油脂业,并影响到油脂质量,给人体健康带来危害。降低或去掉芥酸一直是食品科学的攻关项目。通过转基因作用,可生产出低芥酸油菜籽,解决了存在多年的菜籽油的质量问题。

**(四)转基因食品可能的危害**

目前对转基因作物的安全性主要从两个方面进行评价,一方面是环境安全性,另一方面是食品安全性。

1. 环境安全性方面

(1)转基因作物本身能演变为农田杂草的可能性。

(2)基因漂移到近缘野生物种的可能性。

(3)对整个生物种群的影响。

2. 食品安全性方面　尽管目前还没有发现转基因食品与传统食品有明显的不同,但仍有一些问题应引起人们的重视,如:

(1)转基因食品可能会出现毒性特征或产生过敏反应。

(2)转基因进入人体后,可能对人体造成影响。如转基因被肠道细菌整合,可能会出现生物学性状的改变。

(3)转基因作物营养成分改变或出现抗营养因素。

**(五)转基因食品的卫生和安全管理**

从世界范围看,转基因食品并不是随意推向市场的,国内外对转基因食品管理主要包括食用安全性评估和标识管理。我国对转基因食品的研究和开发是在保障人民健康和资源环境的基础上进行的。对转基因产品管理和监控有法可依、有章可循。1993 年原国家科委发布了《基因工程安全管理办法》,1996 年农业部又发布了《农业生物基因工程安全管理实施办法》,2001 年国务院发布了《农业转基因生物安全管理条例》,2002 年农业部发布了《农业转基因生物安全评价管理办法》《农业转基因生物进口安全管理办法》《农业转基因生物标识管理办法》,2002 年卫生部发布了《转基因食品卫生管理办法》。

目前,我国对转基因食品食用安全性和营养质量评价采用危险性评估、实质等同、个案处理等原则。国内已经拥有较为完善的与国际接轨的转基因食品的安全性评价实验室和评价与检测方法,对转基因食品的标签管理则由农业部和卫生部根据上述法规和规章具体实施。

## 讨论与思考

1. 试比较无公害食品、绿色食品和有机食品的异同。

2. 一种食品可以既是绿色食品,又是有机食品,同时也是无公害食品。这种说法是否正确?

3. 食品营养强化的目的和要求有哪些?

4. 试述转基因食品的优点和可能的危害。

(张丽英)

# 第 6 章

# 特定人群的营养与膳食

**学习要点**

1. 孕期及哺乳期妇女的营养需求与膳食指导
2. 婴幼儿和学龄前儿童的营养需求与膳食指导
3. 学龄儿童和青少年的营养需求与膳食指导
4. 老年人的营养需求与膳食指导

**案例分析**

女童小文,4 岁 10 个月,身高 110cm,体重 29kg。从小胃口很好,每顿至少吃两碗饭,喜欢吃鸡肉,家里每周炖 1~2 次鸡汤,她一顿可以吃完一只鸡的肉;长期把牛奶当水喝,一天喝 5~6 盒;每天吃薯片等零食,很少吃蔬菜、水果。家长认为鸡肉、牛奶营养丰富,从不限制孩子食用。小文稍稍活动就大量出汗,因担心她活动出汗后感冒,家长很少带她到户外活动。尽管如此,小文还是经常因感冒而不能上幼儿园。

分析:

1. 小文面临哪些健康问题,这些健康问题和她的膳食有何关系?
2. 小文的膳食是否合理,如不合理,应如何调整?

## 第一节 孕期及哺乳期妇女

### 一、孕 妇

妊娠是一个复杂的生理过程,孕妇在妊娠期需经历一系列的生理、生化调整,以适应胎儿在体内的生长发育和母体本身的生理变化。因此,孕妇营养需兼顾母体健康和胎儿正常发育的需要。

#### (一) 孕妇的营养生理特点

1. 孕早期　指妊娠期的前 3 个月。在此期间,胚胎生长发育速度较慢,母体的有关组织增长变化也不明显，因此，此期对各种营养素的需要量比妊娠中、后期相对要少。此外，早期妊娠反应也会不同程度地影响孕妇对营养素的摄入。

2. 孕中期　指妊娠的第4~7个月，在这期间，胎儿和母体变化明显、胎儿各器官系统迅速增长发育。母体各系统也发生了较大的适应性变化：子宫的容积扩大，乳腺增生，血容量增加，血液相对稀释，血红蛋白浓度下降，可出现生理性贫血；肾小球滤过率增加，尿中可出现葡萄糖、碘和较多的氨基酸；甲状腺代谢增强，对碘的需要量增加。蛋白质、糖类、脂肪、无机盐等的代谢发生变化，蛋白质合成增加，肠道吸收脂肪能力增强，血脂增高，脂肪积蓄增多，渐渐潴留较多的钠；同时，水的潴留也增加。妊娠中期各种营养素的需要量明显增加，表现为孕妇食欲改善，饮食量增加。

3. 孕晚期　指妊娠的后3个月。此期母体和胎儿的营养生理特点与中期大致相似。需要特别注意的是，此期最常见的病理变化之一是妊高征，其病因尚不明确。在营养方面某些营养物质的不足，如蛋白质和维生素的缺乏可能与之有关。

**（二）孕妇的营养需要**

1. 能量　妊娠早期，胎儿生长缓慢，孕妇不需要额外增加能量，从第4个月起，由于胎儿生长加快和母体组织增长，能量需要明显增加，故能量在孕中期每天应增加300kcal，在孕晚期每天应增加450kcal。

2. 蛋白质　妊娠全过程母体增加蛋白质储备量以供胎儿发育和母体的生理调节，并为分娩和泌乳准备。孕中期孕妇每日需增加蛋白质15g，孕晚期孕妇每日需增加蛋白质30g，优质蛋白应占总蛋白的1/3以上。

3. 碳水化合物　胎儿在母体内要耗用较多的葡萄糖。如果孕早期母体碳水化合物摄入不足，可因酮血症损害胎儿脑和神经系统发育。

4. 无机盐　孕妇容易缺乏的无机盐有钙、铁、锌和碘。钙是构成骨骼、牙齿的成分，胎体需从母体摄取大量的钙以供生长发育，中国营养学会建议孕中期开始每日增加200mg；铁缺乏易导致早产、孕期母体体重增长不足及新生儿低出生体重，因此，中国营养学会建议孕早期铁的适宜摄入量为20mg/d，孕中期为24mg/d，孕末期为29mg/d；锌是体内多种酶的辅基，缺乏可能导致胎儿畸形或侏儒症，我国建议孕中、后期锌的适宜摄入量为9.5mg/d；碘缺乏体重损害胎儿脑和智力发育，孕期碘的推荐摄入量比非孕时增加近1倍（增加110μg/d）。

5. 维生素　为了保证孕妇的健康和促进胎儿的正常发育，孕妇膳食应合理供给维生素。维生素A可促进胎儿发育、提高母体抵抗能力，摄入过多或过少均可引起胎儿畸形；维生素D与钙、磷代谢有关；维生素C对造血系统的健全、机体的抵抗力有促进作用；维生素$B_1$参与能量代谢，孕妇缺乏可导致多发性神经炎，常引起新生儿出现先天性脚气病；叶酸缺乏可增加胎儿早产和神经管畸形和高同型半胱氨酸血症的发生率。

**（三）孕妇的膳食指南**

1. 补充叶酸，常吃含铁丰富的食物，选用碘盐　叶酸对预防神经管畸形和高同型半胱氨酸血症、促进红细胞成熟和血红蛋白合成极为重要。孕期叶酸应达到600μgDFE/d，除常吃含叶酸丰富的食物外，还应补充叶酸400μgDFE/d。为预防早产、流产，满足孕期血红蛋白合成增加和胎儿铁储备的需要，孕期应常吃含铁丰富的食物，铁缺乏严重者可在医师指导下适量补铁。碘是合成甲状腺素的原料，是调节新陈代谢和促进蛋白质合成的必需微量元素，除选用碘盐外，每周还应摄入1~2次含碘丰富的海产品。

2. 孕吐严重时,可少吃多餐,保证摄入含必要量碳水化合物的食物　孕早期应维持孕前平衡膳食。如果早孕反应严重,可少食多餐,选择清淡或适口的膳食,保证摄入含必要量碳水化合物的食物,以预防酮血症对胎儿神经系统的损害。

3. 孕中晚期适当增加奶、鱼、禽、蛋、瘦肉的摄入　自孕中期开始,胎儿生长速率加快,应在孕前膳食的基础上,增加奶类 200g/d,动物性食物(鱼、禽、蛋、瘦肉)孕中期增加 50g/d、孕晚期增加 125g/d,以满足对优质蛋白质、维生素 A、钙、铁等营养素和能量增加的需要。建议每周食用 2~3 次鱼类,以提供对胎儿脑发育有重要作用的 n-3 长链多不饱和脂肪酸。

4. 适量身体活动,维持孕期适宜增重　体重增长是反映孕妇营养状况的最实用的直观指标,与胎儿出生体重、妊娠并发症等妊娠结局密切相关。为保证胎儿正常生长发育,应使孕期体重增长保持在适宜的范围。身体活动还有利于愉悦心情和自然分娩。健康的孕妇每天应进行不少于 30min 的中等强度身体活动。

5. 禁饮酒,愉快孕育新生命,积极准备母乳喂养　烟草、酒精对胚胎发育的各个阶段都有明显的毒性作用,容易引起流产、早产和胎儿畸形。有吸烟饮酒习惯的妇女必须戒烟禁酒,远离吸烟环境,避免二手烟。

孕妇要以积极的心态面对和适应怀孕期间身体的变化,学习孕育知识,定期进行孕期检查,出现不适时能正确处理或及时就医,遇到困难多与家人和朋友沟通以获得必要的支持和帮助。适当进行户外活动和运动,必要时向专业人员咨询,以释放压力、愉悦心情。

绝大多数妇女都可以而且应该用自己的乳汁哺育孩子。孕妇应尽早了解母乳喂养的益处,加强母乳喂养的意愿,学习母乳喂养的方法和技巧,为母乳喂养做好思想准备、营养准备以及乳房护理。

**重点提示**

为满足孕期对酸的需要,每天应摄入 400g 各种蔬菜,且其中 1/2 以上为新鲜绿叶蔬菜,可提供 200μgDFE 叶酸;此外,还应补充合成叶酸 400μg/d。

## 二、哺乳期妇女

哺乳期妇女既要补偿由于妊娠、分娩所造成的身体消耗,又要分泌乳汁喂养婴儿,因此哺乳期妇女的营养要求远大于妊娠期妇女。

### (一)哺乳期的营养生理特点

胎儿娩出后,产妇即进入哺乳期,称为乳母。开奶时间越早,越有利于乳汁的分泌。一般产后第 2 天约分泌乳汁 100ml,至第 2 周增至每日 500ml,之后逐渐增加,每日泌乳量在 600~800ml。如乳母膳食中能量供应不足,就会消耗本身的组织来供泌乳所需,甚至影响泌乳。但乳母进食高蛋白、高脂肪的食物较多,且活动较少,易发生产后肥胖,故能量供应也不宜过多。

### (二)哺乳期的营养需要

1. 能量　乳母的能量需求包括母体自身消耗、满足泌乳的能量消耗以及供给婴儿乳汁的能量消耗三部分,乳母的基础代谢增高,比普通妇女高 20%;乳母通过分泌乳汁,消耗大量能量(每 100ml 母乳约含能量 290kJ)。考虑到这些因素,中国营养学会推荐乳母每日能量摄入量在正常成年妇女的基础上增加2090kJ(500kcal)。

2. 蛋白质 蛋白质是乳汁最重要的物质,乳母膳食中蛋白质的供给量与乳汁分泌的数量和质量密切相关,中国营养学会推荐乳母应比非妊娠妇女每日多摄入25g蛋白质。建议增加动物性食物和大豆制品的摄入量,并以优质蛋白为主。

3. 脂肪 乳汁脂肪的成分随膳食变化而改变。乳汁中的必需脂肪酸可促进婴儿中枢神经系统的发育和脂溶性维生素的吸收。中国营养学会推荐乳母每日膳食脂肪供给量应占总能量摄入的20%~25%为宜。

4. 无机盐 母乳中的钙含量一般不受膳食的影响,当乳母膳食钙不足时,可消耗母体的钙储存而维持乳汁中钙含量的稳定,因而导致母体缺钙。增加乳母铁的摄入对乳汁中铁的增加并不明显,但可以矫正或预防乳母的贫血状态。中国营养学会推荐乳母钙的适宜摄入量为1000mg/d,铁的适宜摄入量为24mg/d,碘需增加120μg/d。

5. 维生素 为维持乳母健康,保证乳汁分泌和乳汁中维生素的含量,乳母膳食中应增加各种维生素的供给,其中维生素A需增加600μg/d RAE/d。维生素A、维生素$B_1$、维生素$B_2$、维生素C的摄入量直接影响母乳中的含量;维生素$B_1$、维生素E有促进乳汁分泌的作用。

6. 水 正常母乳中每日分泌的水分为850ml左右,为了增进乳汁分泌,应保证乳母有充足的水分供给。

**(三)哺乳期妇女膳食指南**

1. 增加富含优质蛋白质及维生素A的动物性食物和海产品,选用碘盐 乳母的营养是泌乳的基础,尤其蛋白质营养状况对泌乳有明显影响。动物性食物如鱼、禽、蛋、瘦肉等可提供丰富的优质蛋白质和一些重要的矿物质和维生素,乳母每天应比孕前增加约80g的鱼、禽、蛋、瘦肉。如条件限制,可用富含优质蛋白质的大豆及其制品替代。为保证乳汁中碘、n-3长链多不饱和脂肪酸(如DHA)和维生素的含量,乳母应选用碘盐烹调食物,适当摄入海带、紫菜、鱼、贝类等富含碘或DHA的海产品,适当增加富含维生素A的动物性食物,如动物肝脏、蛋黄等的摄入。奶是钙的最好食物来源,乳母应每天饮用200ml的牛奶,使总奶量达到400~500ml,以满足对钙的需要。

2. 产褥期食物多样不过量,重视整个哺乳期营养 “坐月子”是中国人的传统习俗,其间常过量摄入动物性食物,致能量和宏量营养素摄入过剩。重视整个哺乳期的营养,食不过量且营养充足,以保证乳汁的质与量以持续地进行母乳喂养。

奶类含钙量高,易于吸收利用,是钙最好的食物来源。乳母每日如果饮用牛奶500ml,可从中得到约600mg优质钙。必要时可在保健医生的指导下适当补充钙制剂。

3. 愉悦心情,充足睡眠,促进乳汁分泌 乳母的心理及精神状态也可影响乳汁分泌,保持愉悦心情,以确保母乳喂养的成功。

4. 坚持哺乳,适度运动,逐步恢复适宜体重 孕期体重过度增长及产后体重滞留,是女性肥胖发生的重要原因之一。坚持哺乳、科学活动和锻炼,有利于机体复原和体重恢复。

5. 忌烟酒,避免浓茶和咖啡 吸烟、饮酒会影响乳汁分泌,烟草中的尼古丁和酒精也可通过乳汁进入婴儿体内,影响婴儿睡眠及精神运动发育。此外,茶和咖啡中的咖啡因有可能造成婴儿兴奋,乳母应避免饮用浓茶和大量咖啡。

# 第二节 婴 幼 儿

从出生至满 2 周岁是生命早期的重要阶段,该阶段的良好营养和科学喂养对体格生长、智力发育以及免疫功能都产生至关重要的影响,是儿童近期和远期健康最重要的保障。对 6 月龄内婴儿营养指导主要是以纯母乳喂养为目标,鼓励尽早开奶,以获得成功纯母乳喂养;正确对待和解决纯母乳喂养中遇到的问题,追求婴儿健康生长。对 7~24 月龄的婴幼儿喂养指导主要是以补充营养和满足饮食行为正常发育为目标的辅食添加,包括方法、方式、食物选择和喂养效果评价等,以助幼儿健康饮食习惯的养成。

## 一、婴幼儿的营养生理特点

1. *体格发育* 正常新生儿出生体重平均为 3kg,4~6 月龄时体重可达到出生时的 2 倍,满 12 月龄时达到出生时的 3 倍,满 24 月龄时达到出生时的 4 倍;身长也在满 12 月龄时增加 50%,在 13~24 月龄间可再增加 39%,大约达到成人身高的一半。新生儿大脑重量约为成人的 25%,满 24 月龄时可达到成人的 80%。

2. *消化系统发育* 婴幼儿牙齿处于生长中,咀嚼功能发育尚不完善,影响营养物质的消化和吸收;胃容量小(婴儿期仅 30~50ml,幼儿期 300~500ml),胃酸和各种消化酶较少,消化功能较弱,对母乳以外的食物耐受性较差,容易发生腹泻,导致营养素的丢失。

3. *免疫功能* 新生儿出生后,来自母体的抗体逐渐减少,自身免疫功能尚未完善,容易患各种感染性疾病。

此外,幼儿时期活动量大增,语言、智力发育较快,需要足够的营养素支持。婴幼儿阶段也是佝偻病、营养性缺铁性贫血等疾病高发的时期。因此,婴幼儿需要足够的营养素以满足生长发育的需要。

## 二、婴幼儿的营养需要

婴幼儿快速生长需要相对较高的能量、蛋白质、铁、锌、维生素 A、维生素 D、长链多不饱和脂肪酸、胆碱等。

1. *能量* 婴幼儿的能量消耗包括基础代谢、食物热效应、体力活动和生长发育。婴幼儿基础代谢消耗的能量最多,约占总能量的 60%。生长发育所需能量为婴幼儿所特有,其需要量随年增长速度的快慢而增减,从出生至周岁总能量需要量的 25%~35% 用于生长发育。因蛋白质摄入较多,食物热效应也较高。不同年龄婴幼儿的能量需要为:6 月龄内 90kcal/(kg·d);7~12 个月 80kcal/(kg·d);1 岁男孩为 900kcal/d,女孩为 800kcal/d;2 岁男孩为 1100kcal/d,女孩为 1000kcal/d。

2. *蛋白质* 婴幼儿期是生长发育最快的阶段,蛋白质不仅用于补充代谢,而且用于满足组织的生长更新,因此要求蛋白质所供能量要达到总能量的 12%~15%,优质蛋白达到 50%。因母乳所含的必需氨基酸的量和比例符合婴儿需要,故母乳喂养时蛋白质的需要量为 2.0g/(kg·d);非母乳喂养的婴儿蛋白质的需要量为 3.5~4.0g/(kg·d);开始添加辅食后,应注意添加肉、蛋、鱼、奶及豆类食物,通过蛋白质互补作用,提高蛋白质的营养价值。

3. *脂肪* 脂肪是婴幼儿能量和必需脂肪酸的重要来源,并有助于各种脂溶性维生素的吸收和利用。中国营养学会推荐的婴幼儿每日膳食中脂肪供能占总能量的适宜比例:6月龄以内为45%~50%,6月龄至2岁为35%~40%。

4. 碳水化合物　碳水化合物是婴幼儿主要的供能物质,对蛋白质起保护和节约作用,并有助于完成脂肪的氧化功能,减少酮体的生成;也是脑细胞代谢的基本物质。但婴幼儿出生后2~3个月内缺乏淀粉酶,不易消化淀粉类食物,应在出生6个月后添加淀粉类食物。

5. 无机盐

(1)钙:出生后身高的增加、骨骼的增长增粗,以及乳牙的萌出、恒牙的钙化,都需要大量的钙。婴儿每天所需的钙主要来源于奶及其制品。婴幼儿钙的推荐摄入量6月龄内为200mg/d,6月龄至1岁为250mg/d,1~2岁为600mg/d。

(2)铁:正常新生儿体内有足够的铁储备,可满足4~6个月的需要,母乳中含铁量较低,出生后6个月应及时添加含铁食物。中国营养学会推荐婴幼儿铁的适宜摄入量1~6月龄为0.3mg/d,6月龄至1岁为10mg/d,1~2岁为12mg/d。

(3)锌:新生儿体内锌储备较少,婴幼儿缺锌会出现味觉异常、食欲不振、生长发育迟缓等表现。中国营养学会推荐锌的适宜摄入量6月龄内为2.0mg/d,6月龄至1岁为3.5mg/d,1~2岁为4.0mg/d。

(4)碘:碘对婴幼儿生长发育影响很大,缺碘可致生长发育迟缓、智力低下。中国营养学会推荐摄入量6月龄内为85mg/d,6月龄至1岁为115mg/d,1~2岁为90mg/d。

6. 维生素　婴幼儿维生素A缺乏常会出现反复呼吸道感染、干眼症、夜盲症等;维生素D与钙磷代谢有关,缺乏易引起佝偻病。母乳和牛乳中维生素A、D含量较低,应及时补充,但应注意避免过量补充。中国营养学会推荐维生素A的适宜摄入量:6月龄内为300μgRAE/d,6月龄至1岁为350μgRAE/d,1~2岁为310μgRAE/d;维生素D的适宜摄入量为10μg/d。

7. 水　婴儿体内含水占体重70%~75%,一般婴儿需水量为100~150ml/(kg·d)。

## 三、婴幼儿喂养指南

### (一)6月龄内婴儿

6月龄内是个体一生中生长发育的第一个高峰期,对能量和营养素的需要高于其他任何时期。但婴儿的消化器官和排泄器官发育尚未成熟,功能不健全,对食物的消化吸收能力及代谢废物的排泄能力较低。母乳既可提供优质、全面、充足的营养素,满足婴儿生长发育的需要,又能很好地适应其尚未成熟的消化能力,并促进其器官发育和功能成熟。此外,6月龄内婴儿需要完成从宫内依赖母体营养到宫外依赖食物营养的过渡,来自母体的乳汁是完成这一过渡最好的食物,基于任何其他食物的喂养方式都比不上母乳喂养。母乳喂养能满足婴儿6月龄内全部液体、能量和营养素的需要,母乳中的营养素和多种生物活性物质构成一个特殊的生物系统,为婴儿提供全方位呵护,帮助其在离开母体保护后,顺利适应外界环境,健康成长。

1. 产后尽快开奶,坚持新生儿第一口食物是母乳　初乳中富含营养和免疫活性物质,有助于婴儿肠道功能发展,并提供免疫保护。母亲分娩后,应尽早开奶,让新生儿开始吸吮乳头,获得初乳并进一步刺激乳汁分泌。新生儿第一口食物是母乳,有利于降低过敏风险,减轻新生儿黄疸、体重下降和低血糖的发生。让婴儿尽早反复吸吮乳头,是确保成功纯母乳喂养的关键。婴儿出生时,体内能量储备可满足至少3天的代谢需求,所以开奶过程中不必担心新生儿饥饿,只要其体重下降不超过出生体重的7%就应该坚持纯母乳喂养。温馨环境、愉悦心情、精神鼓励、乳腺按摩等辅助因素,有助于顺利成功开奶。

2. 坚持 6 月龄内纯母乳喂养　母乳是婴儿最理想的食物,除能够满足婴儿的营养需要和预防疾病外,母乳喂养还有利于母子情感交流和婴儿心理发展,同时有利于母体恢复正常体重,降低母体乳腺癌、卵巢癌和 2 型糖尿病的风险。应坚持纯母乳喂养 6 个月。特殊情况需在 6 月龄之前添加辅食的,应咨询医生或其他专业人员后谨慎决定。

3. 顺应喂养,建立良好的生活规律　母乳喂养应顺应婴儿胃肠道成熟和生长发育过程,从按需喂养模式到规律喂养模式递进。婴儿饥饿是按需喂养的基础,饥饿引起哭闹时就应该及时哺乳,不强求喂奶次数和时间,特别是 3 月龄以内的婴儿。婴儿出生后 2~4 周就基本建立自己的进食规律,家长应明确感知。随着月龄的增加,婴儿胃容积逐渐增大,单次摄乳量增加,哺乳间隔时间随之延长,哺乳次数减少,逐渐建立起规律喂哺的良好习惯。

4. 生后数日开始补充维生素 D,不需补钙　母乳中维生素 D 含量低,母乳喂养不能为婴儿提供足量的维生素 D。在婴儿出生后 2 周左右,可采用维生素 D 油剂或乳化水剂,每日补充维生素 D10μg(400IU),可在母乳喂养前定量滴入婴儿口中。纯母乳喂养能满足婴儿对钙的需求,不需要额外补钙。母乳中维生素 K 含量低,新生儿,特别是剖宫产的新生儿,肠道菌群不能及时建立,无法合成足够的维生素 K,故建议母乳喂养儿从出生到 3 月龄,每日补充维生素 K,以预防新生儿维生素 K 缺乏性出血症的发生。

5. 婴儿配方奶是不能母乳喂养时的无奈选择　由于乳母或婴儿患有特定疾病,或因乳汁分泌不足等其他原因不能纯母乳喂养时,建议首选适合于 6 月龄内婴儿的配方奶喂养,不宜直接用普通液体奶、成人奶粉等喂养婴儿。婴儿配方奶是以婴幼儿营养需要和母乳成分研究资料为指导,经过一定配方设计和工艺而生产的,比普通牛羊乳更适宜婴儿喂养。虽然婴儿配方奶保证了部分营养素的数量和比例接近母乳,但无法模拟母乳中完美的营养和生物活性成分体系,包括一些未知的活性成分;母乳喂养儿还可随母乳体验到膳食中食物的味道,更好地接受各种天然食物;母乳喂养过程也给予婴儿奶瓶喂养无法给予的心理和智力体验。因此,任何配方奶都不能与母乳媲美,只能作为不能母乳喂养时的无奈选择;6 月龄前放弃母乳喂养而选择配方奶,对婴儿健康是不利的。

6. 监测体格指标,保持健康生长　身长和体重是反映婴幼儿喂养和营养状况的直观指标。疾病或喂养不当、营养不足会使婴儿生长缓慢或停滞。6 月龄内婴儿应每半个月测量一次身长和体重,并选用世界卫生组织(WHO)的《儿童生长曲线》判断婴儿喂养是否正确、合理。婴儿生长有自身规律,不必追求参考值上限。母乳喂养儿体重增长有可能低于配方奶喂养儿,只要处于正常的生长曲线轨迹,即为健康生长状态。

### (二)7~24 月龄婴幼儿

对于 7~24 月龄婴幼儿,母乳仍然是重要的营养来源,但单一的母乳喂养已经不能完全满足其对能量以及营养素的需求,必须引入其他营养丰富的食物。与此同时,7~24 月龄婴幼儿胃肠道等消化器官的发育、感知觉以及认知行为能力的发展,也需要其有机会通过接触、感受和尝试,逐步体验和适应多样化的食物,从被动接受喂养转变到自主进食。这一过程从婴儿 7 月龄开始,到 24 月龄时完成。这一年龄段婴幼儿的特殊性还在于,父母及喂养者的喂养行为对其营养和饮食行为有显著的影响。顺应婴幼儿需求喂养,有助于健康饮食习惯的形成,并具有长期而深远的影响。

1. 继续母乳喂养,满 6 月龄起添加辅食　7~24 月龄婴幼儿继续母乳喂养可显著减少腹泻、中耳炎、肺炎等感染性疾病,减少食物过敏等过敏性疾病,母乳喂养婴儿到成人期,身高更高、肥胖及各种代谢性疾病减少。母乳喂养时间越长,母婴双方获益越多。因此,7~24月龄婴幼儿应继续母乳喂养,可持续到2岁或以上。

满6月龄起,应在继续母乳喂养的基础上添加辅食,以满足婴幼儿生长发育对营养的需要。

2. 从富含铁的泥糊状食物开始,逐步达到食物多样 7~12月龄婴儿所需能量约1/3~1/2来自辅食,13~24月龄幼儿约1/2~2/3的能量来自辅食,而婴幼儿来自辅食的铁高达99%,因而婴儿最先添加的辅食应该是富铁的高能量食物,如强化铁的婴儿米粉、肉泥等。在此基础上逐渐引入其他不同种类的食物以提供不同的营养素。

辅食添加的原则:每次只添加一种新食物,由少到多、由稀到稠、由细到粗,循序渐进。从一种富铁泥糊状食物开始,逐渐增加食物种类,逐渐过渡到半固体或固体食物,如烂面、肉末、碎菜、水果粒等。每引入一种新的食物应适应2~3天,密切观察是否出现呕吐、腹泻、皮疹等不良反应,适应一种食物后再添加其他新的食物。

3. 提倡顺应喂养,鼓励但不强迫进食 随着婴幼儿生长发育,父母(喂养者)应根据其营养需求的变化,感知觉,以及认知、行为和运动能力的发展,适应婴幼儿的需要进行喂养,帮助婴幼儿逐步达到与家人一致的规律进餐模式,并学会自主进食,遵守必要的进餐礼仪。父母(喂养者)有责任为婴幼儿提供多样化、与其发育水平相适应的食物,在喂养过程中应及时感知婴幼儿所发出的饥饿或饱足的信号,并作出恰当的回应。尊重婴幼儿对食物的选择,耐心鼓励和协助婴幼儿进食,但绝不强迫进食。还应为婴幼儿营造良好的进餐环境,避免电视、玩具等对婴幼儿注意力的干扰,每次进餐时间不超过20分钟。父母(喂养者)应该是婴幼儿进食的好榜样。

4. 辅食不加调味品,尽量减少糖和盐的摄入 婴幼儿辅食应单独制作;辅食应保持原味,不加盐、糖以及刺激性调味品,保持淡口味。1岁以后逐渐尝试淡口味的家庭膳食。

5. 重视饮食卫生和进食安全 选择新鲜、优质、无污染的食物和清洁水制作辅食。制作辅食前须先洗手。制作辅食的餐具、场所应保持清洁。辅食要煮熟、煮透。制作的辅食要及时食用或妥善保存。饭前洗手,婴幼儿进食时一定要有人看护,以防进食意外。

6. 定期监测体格指标,追求健康生长 适度、平稳生长是最佳的生长模式。每3个月一次定期监测并评估7~24月龄婴幼儿的体格生长指标(身长、体重、头围等)有助于判断其营养状况,并可根据体格生长指标的变化,及时调整营养和喂养。

## 第三节 儿童少年

儿童少年期分为两个阶段:2~5岁学龄前儿童和6~17岁学龄儿童少年。

### 一、学龄前儿童

学龄前儿童体格发育速度比婴幼儿期相对减慢,但仍保持稳步增长,每年体重增加约2kg,身高增长约5~7cm;咀嚼与消化能力逐渐增强,摄入的食物种类和膳食结构已开始接近成年人。这一时期儿童活动能力与范围增加,兴趣增加,活泼好动,学习能力和模仿能力增强,该时期也是培养良好饮食习惯的重要阶段。

### (一) 学龄前儿童的营养需要

1. 能量　学龄前儿童活动消耗的能量在全天总能量中所占的比重增大，为满足儿童生长发育和各种活动的需要，中国营养学会推荐的能量供给范围：男童为 1100 ~ 1400kcal/d；女童为 1000 ~ 1300kcal/d；总能量中碳水化合物供能比为 50% ~ 60%，蛋白质提供 14% ~ 15%，脂肪提供 25% ~ 30% 为宜。

2. 蛋白质　为满足细胞、组织的生长需要，学龄前儿童对蛋白质的需要高于成人。蛋白质适宜摄入量为 45 ~ 55g/d，并保证优质蛋白的供给占总蛋白来源的 30% ~ 40%。

3. 脂肪　为满足生长发育所需能量、维持免疫功能、神经系统发育等需要，学龄前儿童每日每千克体重需总脂肪约 4 ~ 6g，膳食脂肪的能量比为 25% ~ 30%。可选用脂肪酸比例适宜的调和油为烹调油，在对动物性食物进行选择时，可多选用鱼类等富含长链多不饱和脂肪酸的水产品。

4. 碳水化合物　每日每公斤体重约需碳水化合物 15g，应以含有复杂碳水化合物的谷类为主，如大米、面粉和红豆、绿豆等杂粮，不宜食用过多的纯糖和甜食。膳食碳水化合物的能量比为 50% ~ 60%，不宜摄入过多，避免能量过剩，防止肥胖和超重。

5. 无机盐和维生素　为满足生长发育的需要，无机盐和维生素的供给均略高于成人。应注意钙、铁、锌、碘等无机盐和 B 族维生素、维生素 A、维生素 D、维生素 C 等摄入。

### (二) 学龄前儿童膳食指南

1. 规律就餐，自主进食不挑食，培养良好饮食习惯　要引导儿童自主、有规律地进餐，每天不少于 3 次正餐和 2 次加餐，不随意改变进餐时间、环境和进食量；纠正偏食、挑食等不良饮食行为，培养儿童摄入多样化食物的良好饮食习惯。

2. 每天饮奶，足量饮水，正确选择零食　鼓励儿童多饮奶，每天饮奶 300 ~ 400ml 或相当量的奶制品。儿童新陈代谢旺盛、活动量大，水分需要相对较多，建议每天水的总摄入量(含饮水、喝汤、饮奶等)1300 ~ 1600ml，饮水时以白开水为主。选择健康有营养的零食(如乳制品、水果、蛋类、坚果类等食物)，避免含糖饮料。

3. 食物应合理烹调，易于消化，少调料，少油炸

4. 参与食物选择与制作，增进对食物的认知与喜爱

5. 经常户外活动，保障健康生长　户外活动有利于学龄前儿童身心发育和人际交往能力，应特别鼓励。

## 二、学龄儿童

学龄儿童指从 6 岁到不满 18 岁的未成年人。学龄儿童处于在校学校阶段，生长发育迅速，对能量和各种营养素的需要高于成年人。

### (一) 学龄儿童的营养需要

1. 能量　学龄儿童能量消耗用于维持基础代谢、生长发育、体力及脑力活动和食物的热效应，能量过多与不足都将对儿童的生长发育产生重要影响，危害健康。男孩的能量需要高于女孩，6 岁男孩约需 1400kcal/d、女孩约需 1250kcal/d。

2. 蛋白质　蛋白质对促进儿童生长发育，提高智力，增强对疾病的抵抗力，以及提高儿童的身体素质均有重要作用。在此阶段，由蛋白质所供的能量应达到全天总能量的 15%，而且优质蛋白质应达到全天总蛋白质的 1/2。

3. 脂肪脂肪是儿童不可缺少的营养物质,但脂肪的摄入量不宜过多,其提供能量应占总能量的25%~30%为宜,略高于成年人,脂肪摄入过多易致肥胖。

4. 碳水化合物 碳水化合物作为最经济、最主要、最基本的能量来源。儿童对碳水化合物的需要量以占全天总能量来源的60%左右为宜。

5. 无机盐

(1)钙:儿童处于生长的旺盛时期,对钙的需要量远远超过成年人,每日膳食的推荐摄入量应达1000~1200mg。

(2)铁:儿童时期生长发育迅速,体内含血量不断增多,估计生长所需的铁,男孩每年需要125~250mg,女孩需100~165mg;女孩每次月经要损失0.4~0.6mg铁。所以,儿童每日铁的推荐摄入量为13~18mg。

(3)锌:锌对儿童的生长极为重要。我国儿童每日锌的推荐摄入量为7~11.5mg。

(4)碘:碘是人体必需的微量元素,食物中碘不足可使甲状腺素分泌减少,降低机体的代谢,影响儿童青少年的生长发育。青春期由于激素分泌增加,需碘量增加,故在青春发育期青少年应重视碘的供给。我国推荐碘的每日供给量4~10岁儿童为90μg,11~17岁青少年为120μg。

6. 维生素 由于能量代谢旺盛,对维生素需求也有增加,B族维生素需要增加显著、维生素A、维生素C、叶酸等也必须充足。维生素A每日推荐摄入量应达到500~800μgRE(视黄醇当量),其中最好能有1/2来自维生素A,其余来自胡萝卜素。维生素D具有促进钙吸收的作用,儿童青少年虽然过了佝偻病的高发期,但骨骼增长迅速,维生素D对提高钙的吸收至关重要。

**重点提示**

学龄儿童与青少年的营养需要具有以下特点:①营养素的需要量相对高于成年人;②年龄越小,对营养需要量的敏感度越高。

**(二)学龄儿童膳食指南**

1. 认识食物,学习烹饪,提高营养科学素养 学龄儿童时期是学习营养健康知识,养成健康生活方式,提高营养健康素养的关键时期。了解认识食物,学会选择食物、烹调和合理饮食的生活技能;传承我国优秀饮食文化和礼仪,对于儿童青少年自身健康和我国优良饮食文化传承具有重要意义。

2. 三餐合理,规律进餐,培养健康饮食行为 一日三餐的合理和规律是培养健康饮食行为的基本。提倡早餐吃好,午餐吃饱吃好,晚餐适量;应清淡饮食,少在外就餐,少吃高盐、高脂肪或高糖的快餐。

3. 合理选择零食,足量饮水,不喝含糖饮料 选择卫生、营养丰富的食物做零食,如选择水果、奶类、坚果等,不选择油炸、高盐或高糖的食品。每天少量多次、足量喝水,6~10岁儿童每天800~1000ml,11~17岁儿童每天1100~1700ml。不要感到口渴时才喝水。不喝或少喝含糖饮料,更不能用饮料代替水。禁止饮酒。

4. 不偏食节食,不暴饮暴食,保持适宜体重增长 避免盲目节食,或采用极端的减肥方式控制体重。也要避免暴饮暴食,做到遵循进餐规律,减缓进食速度。

5. 保证每天至少活动60min,增加户外活动时间 尽可能减少久坐少动和看屏幕时间,开展多样化的身体活动,保证每天至少活动60min,其中每周至少3次高强度的身体活动(如长跑、游泳、打篮球)、3次抗阻力运动(如俯卧撑、仰卧起坐、引体向上)和骨骼增强型运动;增加户外活动时间,有助于维生素D体内合成,还可有效减缓近视的发生和发展。

## 第四节 老 年 人

我国第六次人口普查结果显示,到2015年,我国65周岁及以上人口1.37亿,占总人口的10.2%。合理的营养有助于延缓衰老,促进健康,对实现成功老龄化、促进社会稳定和谐发展有重要意义。

### 一、老年人的营养生理特点

1. 心血管系统 老年人脂质代谢能力下降,易出现血三酰甘油和总胆固醇升高、低密度脂蛋白胆固醇升高、高密度脂蛋白胆固醇降低;血管壁弹性降低,管腔变窄,血流阻力增加,肺活量及心搏输出量减少,组织供血供氧减少。

2. 消化系统 老年人牙齿松动、脱落,影响食物咀嚼,可引起消化不良或腹泻。味觉功能减退,对甜、咸等味道不敏感,较易摄入过多的食盐和糖。消化酶分泌减少,消化功能降低。胆汁分泌减少,食物消化过程缓慢,对过多的脂肪不易消化。肠蠕动减慢,易引起老年性便秘。

3. 神经系统 老年人随着年龄的增加,易出现记忆力减退、易疲劳、动作缓慢等。触觉、温度觉等降低,使老年人在烹调、进食等过程中易发生烫伤。

4. 骨骼系统 随着年龄增高,骨质疏松的发生率增高,尤其是女性,60岁以上高达60%。骨质疏松症是危害老年人健康的常见病之一。钙和维生素D摄入不足,或蛋白质营养缺乏,均可致骨质疏松的风险增加。此外,吸烟、酗酒和过多的咖啡摄入均为骨质疏松的危险因素。妇女绝经期前后雌激素的减少,是骨质疏松症的重要原因。

### 二、老年人的营养需要

1. 能量 老年人的基础代谢逐渐降低,体力活动减少,所以能量需要也相应减少。如老年人摄入能量过多,可发生肥胖,并且易导致动脉粥样硬化、糖尿病等。一般情况下,老年人每日能量摄入应在7112kJ(1700kcal)~7950kJ(1900kcal)。

2. 蛋白质 因为老年期体内代谢过程以分解代谢为主,所以膳食中要有足够的蛋白质来补充组织蛋白质的消耗,对蛋白质的需要不应低于成年人。但是,因老年期的消化能力减弱,肾排泄功能也减退,蛋白质的供给也不宜过多。一般认为,每日每千克体重供给1g即可。由于老年人对蛋白质的消化吸收和利用率较低,应多供给生物价值较高的优质蛋白质,以大豆、奶类、鱼类、瘦肉和蛋类作为蛋白质的主要来源。

3. 脂肪 脂肪的摄入量不宜过多,以占全天总能量的20%~30%为宜,并少吃动物性脂肪和胆固醇高的食物,以预防心血管疾病的发生。

4. 糖类 老年人糖耐量低,胰岛素分泌减少并对血糖的调节作用减弱,易发生血糖增高,所以,不宜食用含蔗糖高的食物。糖类以含有丰富淀粉的谷类为主,其需要量以占全天能量的60%左右为宜,如摄入过多,多余的部分会转变成脂肪,引起高三酰甘油和高脂血症。老年期胃肠功能减弱,膳食纤维不仅可以促进胃肠蠕动,防止结肠癌的发生,而且具有降低餐后血糖及血胆固醇浓度等作用,因此,老年人应摄取足够的膳食纤维。

5. 无机盐　老年期尤其妇女绝经后容易因缺钙而引起骨质疏松,膳食中应多供给含钙丰富的食物,同时注意补充维生素 D。老年人食量减少,蛋白质和铁的摄入不足,容易发生贫血,故老年人应增加含铁食品摄入。老年人容易缺乏的其他无机盐有锌、硒、铬、镁等,应注意补充。高钠是高血压的危险因素,老年人应降低食盐的摄入,每日摄入不宜超过 6g。

6. 维生素　老年人的维生素供给要充足,特别是维生素 A、维生素 E、维生素 $B_1$、维生素 $B_2$、维生素 C 及叶酸对老年人改善生化代谢、增强免疫力、促进食欲、抗氧化、抗衰老等具有重要作用。

## 三、老年人膳食指南

1. 少量多餐细软,预防营养缺乏　不少老年人牙齿缺损,消化液分泌和胃肠蠕动减弱,容易出现食欲下降和早饱现象,造成食物摄人量不足和营养缺乏,因此老年人膳食更应注意合理设计、精准营养。食物制作要细软,并做到少量多餐。对于有吞咽障碍和高龄老人,可选择软食,进食中要细嚼慢咽,预防呛咳和误吸;对于贫血、钙和维生素 D、维生素 A 等营养缺乏的老年人,建议在营养师和医生的指导下,选择适合自己的营养强化食品。

2. 主动足量饮水,积极户外活动　老年人身体对缺水的耐受性下降,饮水不足可对老年人的健康造成明显影响,因此要足量饮水,每天的饮水量达到 1500~1700ml,应少量多次,主动饮水,首选温热的白开水。户外活动能够更好地接受紫外线照射,有利于体内维生素 D 合成,延缓骨质疏松和肌肉衰减的发展,因此老年人应积极进行户外活动。运动量应根据自己的体能和健康状况随时调整,量力而行,循序渐进。

3. 延缓肌肉衰减,维持适宜体重　骨骼肌是身体的重要组成部分,延缓肌肉衰减对维持老年人活动能力和健康状况极为重要。延缓肌肉衰减的有效方法是吃动结合,一方面要增加摄入富含优质蛋白质的瘦肉、海鱼、豆类等食物,另一面要进行有氧运动和适当的抗阻运动(如拉弹力绳、举沙袋)。老年人体重应维持在正常稳定水平,不应过度苛求减重,体重过高或过低都会影响健康。从降低营养不良风险和死亡风险的角度考虑,老年人的 BMI 应不低于 $20kg/m^2$ 为好,鼓励通过营养师的个性化评价来指导和改善。

4. 摄入充足食物,鼓励陪伴进餐　老年人应积极主动参与家庭和社会活动,鼓励与家人一起进餐,主动参与烹饪;独居者年人,可去集体用餐点或多与亲朋一起用餐和活动,以便摄入更多丰富的食物和积极参加集体活动,增加接触社会的机会。

### 讨论与思考

1. 为什么提倡母乳喂养?
2. 学龄前儿童营养需要有什么特点?
3. 老年人的营养和膳食有哪些要求?

（新　平）

# 第7章

# 特殊环境作业人群的营养与膳食

**学习要点**

1. 异常理化环境条件下作业人员的营养需要与膳食指导
2. 特殊环境作业人员的营养素需要与膳食指导

**案例分析**

小严，女，8岁半，父亲在武汉一建筑工地打工。暑假期间，妈妈带着小严到武汉玩，住在爸爸的工地活动板房内。但因武汉近来天气炎热，在平板房住了3天，小严就开始出现高热并伴有抽搐的症状。父母赶紧将小严送至武汉市医院急诊科就医，经诊断为室内中暑。

分析：

小严就诊回家后如何指导其膳食？

## 第一节 高温环境作业人员

在工农业生产和生活中经常遇到各种高温环境，如冶金工业中的炼焦、炼铁、炼钢、轧钢，机械工业的铸造、锻造、陶瓷、搪瓷，玻璃等工业的炉前作业，印染、缫丝、造纸厂的蒸煮场所，各种工厂的锅炉间，农业、建筑、运输业、夏季露天作业等。

高温环境一般指32℃以上的工作环境和35℃以上的生活环境。与机体处于一般常温下不同，高温环境使体温与环境温度之间温差很小，高温下的机体不可能像常温下通过简单的体表辐射来散发代谢所产生的热，因此要维持体温的相对稳定，必须通过生理上的适应性改变来达到目的。这种适应性改变导致了机体对营养的特殊要求。

### 一、代谢特点

#### （一）水及无机盐的丢失

在高温环境下工作、生活时，主要通过汗液的蒸发使散热增加来调节正常体温。汗液中

95%以上为水分,0.3%为无机盐,其中丢失最多的是钠盐,占总丢失量的54%~68%。当水盐丢失量超过体重的5%时则可引起血液浓缩,出现体温升高、出汗减少、口干、头晕、心悸,甚至虚脱和中暑症状。另外,钾、钙、镁、铁等多种元素也有不同程度的丢失。在丢失的无机盐中,钾的丢失仅次于钠,有人估计每日从汗液丢失的钾可达100mmol以上,高温环境下作业又不适当补钾时,可使血钾及红细胞内钾浓度下降,而使机体对热的耐受能力下降。临床上也有中暑患者血钾浓度低于正常的报道。此外,通过汗液损失的钙量为0.17~0.21mmol/h,损失的镁量可达0.065~0.3mmol/h。

### (二)水溶性维生素的丢失

机体在通过大量出汗、心率加快等调节过程中,随汗液丢失的水溶性维生素较多,以每日5L汗液计,汗液中维生素C丢失可达到50mg/d,此外,每升汗液含维生素$B_1$约0.14mg,以每日出汗5L计,可丢失维生素$B_1$0.7mg,其他B族维生素,如维生素$B_2$、烟酸等也有相应量的丢失。

### (三)消化液分泌减少,消化功能下降

高温环境下大量出汗引起的失水是消化液分泌减少的主要原因;出汗伴随的氯化钠的丢失使体内氯急剧减少,这也将影响到胃中盐酸的分泌;另一方面,高温刺激下的体温调节中枢兴奋及伴随而致的摄水中枢兴奋也将对摄食中枢产生抑制性影响。其共同作用的结果使高温环境下机体消化功能减退及食欲下降。

### (四)能量代谢增加

一方面高温引起机体基础代谢的增加,另一方面机体在对高温进行应激和适应的过程中,通过大量出汗、心率加快等进行体温调节,可引起机体能量消耗的增加。

## 二、营养原则和膳食指导

1. *水和矿物质* 水分的补充以能补偿出汗的失水量、维持体内水平衡为原则。高温作业者凭口渴感饮水是主要的依据,再参照其劳动强度及具体生活环境建议的补水量范围,如中等劳动强度、中等气象条件时日补水量需3~5L。强劳动及气温或辐射热特别高时,日补水量需5L以上。补充方法应少量多次,以免影响食欲,并可减少水分蒸发量和排尿量。补充饮料的温度以10℃左右为宜。无机盐的补充以食盐为主,视每日出汗量补充食盐,日出汗量小于3L者,日补盐量需15g左右。日出汗量超过3L者,日补盐量需20~25g。钾盐及其他无机盐的补充以食用含无机盐的各种新鲜果蔬、各种豆类和富含钙、铁的食品来补充。可以多吃富含钾的食物,如黄豆、黑豆、绿豆、小豆等豆类,其次是甜瓜、黄瓜、倭瓜、土豆等。食物中所含钾易溶于水,在烹调或加工中要防止损失。其中水果中的有机酸可刺激食欲并有利于食物胃内消化。水和盐的补充以汤的形式较好。菜汤、肉汤、鱼汤可交替选择,在餐前饮少量的汤还可增加食欲。对大量出汗人群,宜在两餐进膳之间补充一定量的含盐饮料。

2. *维生素* 维生素的供给量分别为维生素C 150~200mg/d,维生素$B_1$ 2.5~3mg/d,维生素$B_2$ 2.5~3.5mg/d,维生素A 1500U/d。维生素A有抑制体温上升的作用,所以对高温环境中的人要增加维生素A的供给。

3. *蛋白质和能量* 因高温环境下机体分解代谢的增加及氨基酸从汗液的丢失,蛋白质摄入量也适当增加,由于高温作业人群食欲下降,建议补充优质蛋白质占总蛋白质比例不低于50%。以成年男子轻体力劳动者为例,每日应供给能量2800kcal以上,蛋白质90~105g,其中

优质蛋白质应占一半。当环境温度在 30℃以上时，每上升 1℃应增加能量供给 0.5%，因此，食物的品种应丰富，以保证足够的能量摄入。

4. 其他　高温环境使消化液分泌减少，胃酸降低，加以大量饮水影响食欲；膳食应注意色、香、味的调配，适当增加调味品和清凉食物，以促进食欲。

5. 高温作业人员膳食指导

(1) 合理搭配、精心烹制谷类、豆类及动物性食物鱼、禽、蛋、肉，以补充优质蛋白质及 B 族维生素。

(2) 补充含无机盐尤其是钾盐和维生素丰富的蔬菜、水果和豆类，其中水果中的有机酸可刺激食欲并有利于食物胃内消化。

(3) 以汤作为补充水及无机盐的重要措施。由于含盐饮料通常不受欢迎，故水和盐的补充以汤的形式较好，菜汤、肉汤、鱼汤可交替选择，在餐前饮少量的汤还可增加食欲。对大量出汗人群，宜在两餐进膳之间补充一定量的含盐饮料。

## 第二节　高原环境作业人员

一般将海拔 3000m 以上地区称为高原。在这一高度，由于大气氧分压的降低，人体血氧饱和度急剧下降，常出现低氧症状。我国高原地域辽阔约占全国面积的 1/6，人口约有 1000 万。

### 一、代谢特点

首先是为了从低氧空气中争取到更多的氧而提高机体的呼吸量，因此，必然呼出过量的 $CO_2$，影响机体正常的酸碱平衡。严重低氧情况下食欲减退，能量供给不足，线粒体功能受影响，因而代谢率降低。但在同等劳动强度条件下，在高原的能量需要量高于在海平面者。一般情况下，从事同等劳动强度条件，在高原适应 5 天后，比在海平面上的能量需要量高 3%～5%，9 天后，将增加到 17%～35%；重体力劳动时，增加更多。

### 二、营养原则和膳食指导

1. 高糖类　在产能营养素中，糖类代谢能最快地适应高原代谢变化。糖类能使人的动脉含氧量增加，能在低氧分压条件下增加换气作用。应保证充足的能量摄入，特别是糖类摄入量，对维持体力非常重要。糖类占供给量的比例可提高到 65%～75%。海拔 6000m 高度时，膳食中应含有 80% 的糖类，蛋白质和脂肪则各占 10%，以便提高机体耐低氧的能力。

**重点提示**

糖类提高低氧耐力的原因包括：①其分子结构中含氧原子多于脂肪和蛋白质；②消耗等量氧时，产能高于脂肪、蛋白质；③糖类代谢能产生更多 $CO_2$，有利于纠正低氧过度通气所致碱中毒。

2. 适宜脂肪 在高原低氧情况下，机体利用脂肪的能力仍保持相当程度，甚至在高原上人体能量来源可能由糖类转向脂肪。

3. 优质蛋白质 在登山过程中，往往观察到机体出现负氮平衡，但提高氮的摄取量即可恢复平衡。在高原低氧适应过程，毛细血管可出现缓慢新生，红细胞增加，血红蛋白增高和血细胞总容积增加，以提高单位体积血液的氧饱和度。这决定了高原作业人员对蛋白质的需要。

4. 丰富维生素 低氧时，辅酶含量下降，补充维生素后可促进有氧代谢，提高机体氧耐力。所以，在低氧情况下，除应提高膳食中糖类的比例外，还应增加维生素摄入量，加速对高原环境的适应。从事体力劳动时，维生素 A、维生素 C、维生素 $B_1$ 和维生素 $B_2$ 的供给量可以比正常情况高 2~5 倍。另外，对登山运动员补充维生素 E 可防止出现红细胞溶解肌酸尿症和体重减轻等。

5. 水和矿物质 初登高原者，体内水分排出较多，体内水分可减少 2~3kg。一般认为，此种现象是一种适应性的反应。这一阶段如因失水严重影响进食，则应设法使饭菜更为可口，并增加液体，以促进食欲，增加进食，保证营养，防止代谢紊乱。但在低氧情况下，尚未适应高原环境时，要避免饮水过多，防止肺水肿；同时，还要适当减少食盐摄入量，可有助于预防急性高山反应。

6. 高原作业人群的膳食指导

(1) 高原作业人员能量供给在非高原作业基础上增加 10%。

(2) 高原作业膳食中蛋白质、脂肪、糖类构成适宜比例为 1∶1.1∶5，占总能量比分别为 12%~13%、25%~30% 和 55%~65%。

(3) 每日维生素和矿物质的建议摄入量，维生素 A 1000μg RE，维生素 $B_1$ 2.0~2.6mg，维生素 $B_2$ 1.8~2.4mg，烟酸 20~25mg，维生素 C 80~150mg，钙 800mg，铁 25mg，锌 20mg。

# 第三节 铅、苯作业人员

铅、苯进入人体的途径主要是呼吸道，其次是消化道和皮肤。接触作业主要有铅矿开采、含铅金属冶炼、印刷业的铅字铅板、苯的生产及其化工原料等。

## 一、代谢特点

铅、苯对人体的损害虽不相同，但都能影响体内多种酶的活性，导致代谢紊乱、组织蛋白质和多种维生素损失量增加，继而可导致蛋白质营养不良和维生素缺乏。而营养不良又进一步使机体对铅、苯的敏感性增强，解毒能力降低，机体的代谢更易受到损害。

## 二、营养原则和膳食指导

1. 充足蛋白质 蛋白质的摄入量应占总能量的 20%，且优质蛋白质应占蛋白质总量的 1/2 以上，以鱼、禽、瘦肉为主。

2. 适当限制脂肪 高脂肪膳食可增加铅、苯的吸收，脂肪摄入量占总能量的比例不宜超过 20%。

3. 丰富的维生素和矿物质 各种维生素摄入应充足，每日维生素 C 供给量为 150mg。应多摄入深色水果、蔬菜，这些果蔬不仅含有丰富的维生素，且富含铁、镁、钾及膳食纤维和果胶，能降低肠道中铅、苯的吸收。维生素 $B_1$、维生素 $B_6$ 和维生素 $B_{12}$ 有保护神经系统及促进血红蛋白合成的作用，应增加这些维生素的供给。

4. 禁酒　饮酒可增加铅的毒性，应加以限制。

## 讨论与思考

1. 高温环境作业人员对水和无机盐的需求为什么会增多？何种补充方式最佳？
2. 高原环境作业人员对糖类的摄入有什么特殊要求？
3. 铅、苯作业人员需要高蛋白质、高维生素饮食吗？为什么？

（张丽英）

# 第 8 章

# 常见疾病的营养与膳食指导

**学习要点**

1. 常见疾病与营养相关的因素
2. 常见疾病营养治疗原则及膳食指导要点

## 第一节　蛋白质热能营养不良

**案例分析**

小刘，女，20岁，因担心身材不够苗条，长期限制饮食，最近1个月食欲严重下降，不想吃东西，身体越来越消瘦来医院就诊。经检查身高163cm，体重40kg，肝、肾功能异常，月经紊乱。

分析：

1. 试分析该患者可能发生了哪种营养性疾病？
2. 目前应该怎样进行营养治疗？

蛋白质热能营养不良是指从膳食中摄入的蛋白质和(或)热能不能维持人体正常生理功能而发生的一组临床症状。其发生与人群的不良生活习惯、居住环境及不良的心理状态等相关。也与某些慢性疾病影响人体不能对蛋白质及热能的正常摄入有关。前者为原发性蛋白质热能营养不良，后者为继发性蛋白质热能营养不良。

### 一、相关营养因素

1. 蛋白质　蛋白质是人体维持正常生理功能不可缺少的营养素，也是膳食中重要的营养成分。它不仅可以提供人体所需的部分能量，重要的是提供机体需要的氮源，维持人体的正常生长发育与健康。如果蛋白质长期摄入不足会使机体产生一系列临床症状，同时伴有其他营养素缺乏的表现。如蛋白质摄入不足会导致低蛋白血症而发生水肿。

2. 能量　人体的能量消耗主要用于维持人体的基础代谢、食物的特殊动力作用和人体活动三方面的需要，每日需补充生理需求的能量。若能量摄入不足，首先动员体内贮存的糖原，以维持正常的血糖水平；长期能量缺乏，一方面开始动员体内的脂肪组织，产生游离脂肪酸来供能，另一方面动员蛋白质的分解代谢而供能，最终无法维持人体正常的生理功能，可发生低血糖、低血压、各脏器功能减退直至衰竭、甚至死亡。

### 二、营养治疗原则

营养治疗的关键是在早期诊断的基础上尽早采取有效的治疗措施，进行综合治疗。

1. 消除致病原因，积极治疗其原发病。

2. 纠正水和电解质紊乱，调整酸碱平衡。密切观察病情变化，注意钾、钠、钙、镁的补充。

3. 纠正蛋白质和能量缺乏。提供高生物价并易于消化吸收的蛋白质，根据病情好转情况逐步增加能量和蛋白质的供给量。

4. 轻中度蛋白质热能营养不良患者，主要给予饮食治疗。以高能量和高蛋白质食物为主，同时注意无机盐和维生素的补充。经6~8周治疗后基本恢复。

5. 重度蛋白质热能营养不良患者要针对威胁生命的主要因素采取措施。当威胁生命的情况得到控制好转后，应立即开始纠正营养素的不足。

**重点提示**

蛋白质热能营养不良治疗的关键是在早诊断的基础上尽早采取有效的综合治疗措施。

### 三、膳食指导

1. 不能口服者，选用管饲要素膳或静脉营养支持。管饲制剂浓度不宜过高，最好选用输液泵静滴，注意无菌操作，防止营养素的污染。

2. 随着病情好转，逐步过渡到膳食补充为主，口服以少量多餐为原则。可选用的食物有稀饭、蛋糕、面条、果汁、乳类及乳制品、鱼类、肉类、禽类、蛋类等。

（汪小斌）

## 第二节　缺铁性贫血

**案例分析**

患者，女，30岁，公司业务主管，社交频繁，饮酒少量，平时以素食为主，喜欢饮咖啡。患者自诉最近3个月易疲劳，食欲差，月经紊乱，逐渐加重。检查：面色苍白、头发干枯、甲床苍白，血红蛋白为75g/L，红细胞为$3.5\times10^{12}/L$。

分析：

1. 该患者可能考虑哪种营养性疾病？

2. 在日常生活中，应进行怎样的营养膳食指导？

缺铁性贫血(iron deficiency anemia,IDA)是由于各种原因引起体内的贮存铁不足,使血红蛋白合成量减少而形成的一种小细胞低色素性贫血,多见于青春期少女、婴幼儿、孕妇和乳母。引起贮存铁缺乏的主要原因是机体摄入不足、吸收障碍、人体对铁的需求增加以及丢失增加。临床表现因病情的严重程度不同而有差异,多有面色苍白、食欲缺乏、头晕、乏力、心悸、免疫力下降等。

## 一、相关营养因素

1. 铁　人体含铁总量为4~5g,60%~75%存在于血红蛋白中。食物中的铁以血红素铁和非血红素铁的形式存在。血红素铁在体内吸收时,不受膳食中植酸盐、草酸盐的影响,主要存在于动物性食物,吸收率高。非血红素铁必须转化为亚铁后方可吸收,因而其影响因素很多,主要存在于植物性食物。

2. 维生素　维生素A、维生素C可促进铁的吸收和利用。

3. 蛋白质　蛋白质是维持生命的重要物质,为机体的生长发育、组织更新等提供物质基础,同时促进铁的吸收和贮存。

## 二、营养治疗原则

1. 积极治疗原发病,去除致缺铁性贫血的根本原因。
2. 根据病情以适当的途径补充铁制剂。
3. 改善饮食,给予高蛋白、高维生素膳食。
4. 纠正偏食、素食等不良饮食习惯。

## 三、膳 食 指 导

1. 膳食配制应选择含铁丰富的食物　如动物肝脏、动物血、瘦肉、蛋黄、鱼类以及海带、紫菜、豆类、大枣、葡萄干等。

2. 摄入富含优质蛋白质的食物　如瘦肉类、蛋类、鱼类等。

3. 给予富含维生素C的食物　如新鲜绿叶蔬菜、水果如猕猴桃、酸枣等。

4. 避免食物干扰因素　补充铁制剂应避免同时服用钙制剂、锌制剂、抑酸制剂;少用茶叶、咖啡、可可;膳食中少吃带壳谷物和茎叶类蔬菜。

**重点提示**

针对缺铁性贫血患者的膳食指导时,应强调避免影响铁吸收的因素,否则影响治疗效果。

## 第三节 骨质疏松症

**案例分析**

李大爷,70 岁,身高 165cm,体重 58kg,每天饮白酒 2 两,平时户外运动较少。因腰背酸痛到医院就诊。经 CT 检查:腰椎骨密度减少,椎间盘变薄缩小。其他检查无特殊。医生诊断为骨质疏松症。

分析:

1. 请分析其骨质疏松症发生的原因。
2. 在对其进行健康教育时,从膳食角度应注意哪些方面?

骨质疏松症是以骨强度降低,骨折危险性增加为主要临床表现的一种全身性骨骼疾病。该病与年龄有密切的关系,常见于绝经后妇女和老年人。临床上分为原发性和继发性骨质疏松症。原发性骨质疏松症包括绝经后骨质疏松症和老年性骨质疏松症。其与营养素钙、磷、镁、维生素 D 有密切关系。

### 一、相关营养因素

1. 钙　钙是人体内含量最多的矿物质,在成人体内总量为 1000~1500g,其中 99%存在于骨和牙齿中。人体的生长发育和健康与钙的摄入量密切相关。钙的补充主要从食物中摄取。

2. 磷　成人体内磷的总量为 500~800g,人体内约 85%的磷存在于骨骼和牙齿中。磷是钙磷代谢中不可缺少的营养素,磷的供应量与钙保持一定的比例,摄入过多也会影响钙的吸收。

3. 维生素 D　维生素 D 能促进小肠对钙的吸收和肾小管对钙、磷的重吸收,并减少尿钙排出。在骨质疏松症的防治中维持钙平衡具有重要的调节作用。人类获得维生素 D 的途径有两种,膳食摄入和皮肤中的脱氢胆固醇经日光照射转化而来。

4. 镁　镁是促进骨生长、维护骨细胞结构与功能的重要矿物质。当机体缺镁时,尽管摄入和吸收了足够的钙,仍可出现低血钙与低血磷。镁广泛地存在于食物中,一般不会缺乏。但对于长期进食不佳者,应注意镁的缺乏。

**重点提示**

维生素 D 的来源有两种方式:通过膳食摄入和皮肤中的脱氢胆固醇转化而来。由皮肤中的脱氢胆固醇经日光照射转化而来的是最经济、最安全的方式。

### 二、营养治疗原则

1. 保证充足钙的摄入　预防骨质疏松症,要保证钙的正常摄入。不同人群钙的摄入量是不相同的。膳食中钙的适宜摄入量(AI):成人为800~1000mg/d,婴儿为300~400mg/d,儿童、青少年为600~1000mg/d,孕妇为800~1200mg/d,乳母为1200mg/d。

2. 适当摄入磷　成人磷的推荐摄入量为800mg/d,不宜过高,摄入过多会影响钙的吸收,诱发骨质疏松。

3. 供给充足的维生素D　经常晒太阳,使皮肤中脱氢胆固醇转变为维生素D。长期在井下工作的人,阳光照射少,应多摄入富含维生素D的食物,帮助钙的吸收。

4. 适当补充镁　对于有骨质疏松症合并骨折后的患者,长期低镁,可能造成骨质缺钙而延迟愈合。因此,对于进食不佳或者手术后的患者,适量给予静脉补充。

## 三、膳食指导

1. 选用富含钙丰富的食物,如乳类及其制品、虾类、海带、芝麻、豆类及其制品等。在膳食钙补充不足的情况下,应补充钙制剂。

2. 选用富含维生素D丰富的食物,如沙丁鱼、鲑鱼、动物肝、鸡蛋、巧克力等。

3. 补钙时尽量少吃含草酸盐、植酸盐、膳食纤维高的食物。因蔬菜中的草酸、谷类中的植酸、过高的膳食纤维等,都能影响肠道对钙的吸收。

4. 对于骨质疏松症患者,应限制高磷食物的摄入量,如牛、羊肉及骨头汤等。

(汪小斌)

# 第四节　心血管疾病

**案例分析**

刘先生,43岁,身高170cm,体重85kg,某公司老板,平时社交频繁,经常饮酒,吸烟每天40支,不喜欢吃素食,平时少运动,既往有高血脂、高血压。因心慌、胸闷到医院检查,诊断为冠心病。

分析:

1. 请思考冠心病的危险因素有哪些?

2. 你作为营养咨询师,应给予他怎样的膳食营养指导。

心血管疾病是临床常见的严重危害人类健康的疾病,是造成死亡的主要原因之一。本病病因复杂多样,其中多数疾病的发生与营养饮食关系密切。常见的有高血压、冠心病、高脂血症等,通过合理的膳食已成为防治这些疾病的重要措施之一。

## 一、相关营养因素

1. 能量　能量的摄入应根据患者的标准体重和工作性质而定,对于超重或肥胖患者,限制能量力求使体重接近或达到正常为准。

2. 蛋白质　一般情况下,摄入动物性蛋白质越多,动脉粥样硬化形成所需时间越短,且病变越严重。动物性蛋白质升高胆固醇的作用明显高于植物性蛋白质。植物性蛋白质尤其是大豆蛋白,有降低胆固醇和预防动脉粥样硬化的作用。

3. 脂肪和胆固醇　长期摄入大量脂肪是引起动脉粥样硬化的主要因素，同时，膳食中胆固醇摄入量与动脉粥样硬化发病率呈正相关。

4. 糖类和膳食纤维　不同种类的糖类对血脂的影响也不同，果糖比蔗糖对血脂的影响大。冠心病患者饮食中糖类摄入量应控制在总热能的 60%～65% 为宜，且最好选用多糖。少供给单糖和双糖。膳食纤维具有改善糖耐量、吸附胆固醇、加速胆酸从粪便中排泄等作用。

5. 维生素　维生素是心血管的保护因子，如维生素 C 影响脂质代谢，还能增加血管韧性；维生素 E 不仅具有抗氧化作用，还能改善心肌缺氧状况，防止动脉粥样硬化；维生素 $B_1$ 能改善心肌代谢，防止心衰；尼克酸能使末梢血管扩张，防止血栓形成；维生素 $B_6$ 与亚油酸同时应用，能降低血脂。

6. 无机盐　食盐摄入与高血压发病率呈正相关。限制食盐摄入量，可改善高血压。碘可以抑制胆固醇在肠道吸收。钙、镁、铜、铁、铬、钾、氟对心血管疾病有抑制作用，缺乏时可使心肌代谢和心脏功能异常。补充铬可提高高密度脂蛋白浓度，降低血清胆固醇含量。

## 二、营养治疗原则

### （一）冠心病

1. 控制总能量　能量供给根据患者的标准体重、工作性质需要，以维持理想体重为宜。

2. 限制脂肪　脂肪控制在总能量的 30% 以内。限制胆固醇摄入（300mg/d 以内）。

3. 适量糖类和蛋白质　糖类占总能量 60%～65%，宜选用多糖类食物，尽量少用单糖、双糖食物。蛋白质供给注意动物性蛋白和植物性蛋白的合理搭配。尽量选用植物性蛋白，如大豆及其制品，大豆制品可降低血胆固醇的水平。

4. 控制钠的摄入　盐的摄入量一般应控制在 6g/d 以内，且需要长期坚持。有心功能不全者应控制更严格。

5. 适当增加膳食纤维和维生素的摄入　膳食纤维可减少胆固醇吸收、增加饱腹感，对冠心病的治疗有利。维生素能改善心肌代谢和心肌功能。

### （二）高血压

1. 限制钠的摄入　减少或限制烹饪食盐的用量，每天盐的摄入量少于 6g。

2. 控制能量　限制能量供给，维持理想体重。超重或肥胖是高血压的高危因素，限制能量的摄入是防治高血压的重要措施。

3. 适当增加钾与钙的摄入　增加钾的摄入有利于钠和水的排出。钙与血管的收缩和舒张有关，有利于尿的排出，有降压作用。

4. 限酒　酒精摄入量多的人群，高血压发病增加。因此，应提倡少饮酒或戒酒。

**重点提示**

心血管疾病防治重在预防，在日常生活中注意保持标准体重，饮食应清淡少盐、低脂低胆固醇。

## 三、膳食指导

1. 养成良好的饮食习惯　宜少食多餐，定时定量，避免过饥过饱，不暴饮暴食。避免食用油腻或难消化的食物，不挑食偏食。

2. 多选用能保护血管和降血压及降脂的食物　能降压的食物有胡萝卜、番茄、黄瓜、海带、芹菜等。降脂的食物有山楂、大蒜、洋葱、香菇、黑木耳、海鱼、绿豆等。

3. 其他　烹调方式以清淡饮食为主，多采用煮、蒸、炖或凉拌，忌油炸。

4. 禁忌食物　含动物性脂肪和胆固醇高的食物，如肥肉、动物内脏、鱼子、蟹黄等；含热量高的食物，如冰淇淋、巧克力、蔗糖等；含钠高的食物，如腌制品、皮蛋、含钠高的蔬菜及咸菜、碱制馒头等。忌烟、酒、浓茶、咖啡以及辛辣刺激性食物。

（汪小斌）

# 第五节　糖　尿　病

**案例分析**

小王，女，身高165cm，体重70kg，从事办公室文秘工作，平时进食量中等。2型糖尿病。目前单纯饮食控制，无高血压、高血脂等并发症，血糖控制较好。

分析：

试为小王编制食谱。

糖尿病是一组由于胰岛素分泌缺陷和（或）其生物效应降低（胰岛素抵抗）引起的以高血糖为特征的慢性、全身性代谢性疾病。慢性高血糖将导致人体多组织，尤其是眼、肾、神经及心血管的长期损害、功能不全和衰竭。

近30年来，我国糖尿病患病率显著升高。在我国患病人群中，以2型糖尿病占90.0%以上，1型糖尿病约占5.0%，其他类型糖尿病仅占0.7%；城市妊娠糖尿病的患病率接近5.0%。随着城市化速度加快、人口老龄化和生活方式的改变，短期内我国糖尿病患病率极可能剧增。

## 一、相关营养因素

肥胖与2型糖尿病之间有密切的关系，横断面和前瞻性的流行病学调查都表明肥胖尤其是向心性（内脏性）肥胖是糖尿病的重要危险因素。

1. 肥胖　饲以高脂膳食的大鼠易发生胰岛素抵抗，在人类特别是摄入高脂膳食者可能会发生类似情况。

2. 缺乏体力活动　缺乏体力活动是2型糖尿病发生的另一重要危险因素。英国的心脏病研究发现与缺乏体力活动的人相比，那些坚持中等强度体力活动的人们发生糖尿病的危险性明显降低。缺乏锻炼可能间接促使糖尿病的发生，也可能独立发挥作用。高强度的体力活动与低血浆胰岛素水平有关。体育锻炼也能减轻胰岛素抵抗。

## 二、营养治疗原则

糖尿病的治疗采取综合性措施，主要包括健康教育、营养治疗、运动治疗、药物治疗和自我监测，其中营养治疗是糖尿病综合治疗的最基本组成部分，是糖尿病的基础治疗。

糖尿病及糖尿病前期患者都需要依据治疗目标接受个体化营养治疗，由熟悉糖尿病治疗的营养师指导完成更佳。

### （一）合理控制饮食，摄取适当的热能，以达到或维持理想体重

控制总能量是糖尿病营养治疗的基础。总能量应根据患者的标准体重、生理条件、劳动强度、工作性质等而定（表 8-1）。

表 8-1　糖尿病患者每日能量供给量[kJ(kal)/(kg · d)]

| 体型 | 卧　床 | 轻体力劳动 | 中体力劳动 | 重体力劳动 |
| --- | --- | --- | --- | --- |
| 消瘦 | 84～105(20～25) | 146(35) | 167(40) | 188～209(45～50) |
| 正常 | 63～84(15～20) | 126(30) | 146(35) | 167(40) |
| 肥胖 | 63(15) | 84～105(20～25) | 126(30) | 146(35) |

1. 标准体重的计算：标准体重(kg)＝身高(cm)－105。

2. 肥胖程度的判定：体质指数(BMI)＝体重(kg)/[身高(m)]$^2$。BMI 低于 18.5 为消瘦；BMI 大于 25 为超重；BMI 大于 28 为肥胖。

以维持标准体重为原则，根据患者的年龄、性别、病程、有无并发症等进行相应调整。肥胖者应降至正常体重，消瘦者应增加体重。孕妇、乳母、消耗性疾病而体重低于标准体重者应适当提高能量的摄入。

### （二）控制脂肪摄入

预防或延缓糖尿病的并发症，必须限制脂肪尤其是饱和脂肪酸的摄入，增加不饱和脂肪酸。

1. 膳食中由脂肪提供的能量不超过饮食总能量的 30%。

2. 饱和脂肪酸的摄入量不应超过饮食总能量的 10%，不宜摄入反式脂肪酸。单不饱和脂肪酸是较好的膳食脂肪来源，在总脂肪摄入中的供能比为 10%～20%。可适当提高多不饱和脂肪酸摄入量，但不宜超过总能量摄入的 10%。

3. 食物中胆固醇摄入量<300mg/d。

### （三）适量摄入糖类

适量的糖类可提高胰岛素的敏感性，改善糖耐量，并能减少体内蛋白质和脂肪的分解。

1. 目前提倡每人每天糖类的摄入量应占全天总能量的 50%～65%。

2. 注意食物的血糖生成指数。血糖生成指数(glycemic index，GI)是食物的一种生理学参数，是衡量食物引起餐后血糖反应的一项有效指标，提示含有 50g 有价值的糖类食物与相等量的葡萄糖和面包相比，在一定时间内体内血糖应答水平的百分比值。一般认为，当 GI 低于 55 以下时，该食物为低 GI 食物；当 GI 在 55～75 时，该食物为中等 GI 食物；当 GI 在 75 以上时，该食物为高 GI 食物。

高 GI 的食物进入肠胃后消化快、吸收率高、葡萄糖释放快，葡萄糖进入血液后峰值高；低 GI 食物在肠胃中停留时间长、吸收率低、葡萄糖释放缓慢，葡萄糖进入血液后峰值低，上升缓

慢。表 8-2 是中国常见食物 GI 值,要尽量选择 GI 值低的食品,以避免餐后高血糖。

**表 8-2 常见食物血糖生成指数表**

| 血糖生成指数(%) | 食 物 |
|---|---|
| 100 | 葡萄糖 |
| 80~90 | 玉米片、胡萝卜、鲜土豆泥、麦芽糖、蜂蜜、馒头、大米、面条 |
| 70~79 | 面包(粗面粉)、小米、谷类早餐;鲜扁豆、鲜土豆、牛奶、酸奶酪、西瓜、熟甘薯、南瓜、胡萝卜 |
| 60~69 | 大米(糙)、麦片、甜菜根、香蕉、葡萄干 |
| 50~59 | 荞麦、意大利面条、甜玉米、消化饼干、豌豆、蔗糖 |
| 40~49 | 红薯、豌豆(干燥)、柑橘、橙汁 |
| 30~39 | 扁豆、黑眼豆、苹果、冰淇淋、梨 |
| 20~29 | 菜豆、果糖、柚子、鲜桃、四季豆、绿豆 |
| 10~19 | 大豆、花生 |

3. 蔗糖引起的血糖升高幅度与同等数量的淀粉类似,不应超过总能量的 10%,但蔗糖分解后生成的果糖易致三酰甘油合成使体脂积聚。

4. 糖尿病患者适量摄入糖醇和非营养性甜味剂是安全的。

5. 每日定时进三餐,摄入糖类的量均匀分配。

**(四)适量摄入蛋白质**

糖尿病患者体内糖异生旺盛,蛋白质消耗大,应根据有无并发症调整摄入量。

1. 肾功能正常的糖尿病患者每日每千克体重蛋白质的需要量为 1.0g,约占总能量的 15%~20%,其中动物性蛋白质应占总蛋白质摄入量的 40%~50%。对处于生长发育的儿童或有特殊需要或消耗者如妊娠、哺乳、消耗性疾病、消瘦患者,蛋白质的比例可适当增加。

2. 有显性蛋白尿的糖尿病患者蛋白质摄入量宜限制在每日每千克体重 0.8g,从肾小球滤过率(GFR)下降起,即应实施低蛋白质饮食,推荐蛋白质摄入量每日每千克体重 0.6g,并同时补充复方 α-酮酸制剂。

**(五)增加膳食纤维摄入**

可溶性膳食纤维在肠内形成凝胶,可减慢糖类的吸收,从而降低空腹血糖和餐后血糖,改善葡萄糖耐量。豆类、富含纤维的谷物类(每份食物≥5g 纤维)、水果、蔬菜和全麦食物均为膳食纤维的良好来源,建议糖尿病患者每日应摄入 20~35g 膳食纤维。

**(六)摄入丰富的维生素和无机盐,减少食盐的摄入**

体内多数维生素是酶系统中辅酶的组成部分,主要从食物中获得。糖尿病患者由于主食和水果的摄入受到限制,且代谢相对旺盛,所以常有维生素的缺乏,继而引起各种并发症。与糖尿病关系最密切的是 B 族维生素,其次是维生素 C 和维生素 A。

糖尿病患者尿量较多,糖异生旺盛,导致 B 族维生素丢失,消耗增加。而维生素 $B_1$ 在糖代谢的多个环节中起重要作用,它的缺乏可导致或加重糖尿病神经病变。故食物中应注意摄入充足的维生素 $B_1$、维生素 $B_{12}$、维生素 $B_2$ 和维生素 $B_6$。平时多吃粗粮及绿叶蔬菜,必要时可使用维生素制剂。补充维生素 C 可预防因其缺乏引起的微血管病变。此外,由于胡萝卜素转变为维生素 A 的途径受到限制,糖尿病患者还需注意维生素 A 的补充。

微量元素和无机盐对糖尿病有着多方面的影响。其中关系最密切的是铬(Cr)、锌(Zn)、钙(Ca)、磷(P)、镁(Mg)等。

铬是人体必不可少的多价微量元素,成人每日需 20~50μg。三价铬是葡萄糖耐量因子的组成部分,胰岛素的辅助因子,它对糖类代谢有直接作用,能促进蛋白质合成,激活胰岛素。因此,铬缺乏与 2 型糖尿病关系密切。良好的铬营养既有助于预防和延缓糖尿病的发生,还能改善糖尿病患者的糖耐量,降低血糖、血脂,增强胰岛素的敏感性。

锌是体内物质代谢中很多酶的组成部分和活化剂,不但参与胰岛素的合成,而且有稳定胰岛素结构的作用,能协助葡萄糖在细胞膜间的转运,并与胰岛素活性相关。糖尿病患者分解代谢亢进,组织中锌释放增多,从尿中排泄也增多。而且多数患者伴有锌吸收不良,因此需及时补充。

糖尿病患者常伴有钙、磷代谢紊乱。糖尿病继发性骨质疏松的发生和大量钙、磷的丢失关系密切。1 型糖尿病有时可并发特异性骨病,出现骨骼异常和风湿样表现。因此,在治疗糖尿病时应及时补充适量的维生素 D 和钙、磷。儿童和青少年患者更应注意。

镁也是重要的常量元素。人体缺镁可产生胰岛素抵抗,降低糖类耐受性,加速动脉粥样硬化,影响血脂和血压。虽然还没有充分的证据表明补镁能治疗上述疾病,但目前认为补镁是防止视网膜病变的有效措施。

钠是食盐的组成元素。糖尿病患者应限制钠盐的摄入,每天摄入钠应小于 3g(相当于 7. 6g 食盐),伴有高血压者应小于 2. 4g(相当于 6g 食盐)。低钠饮食有利于糖尿病的控制及预防并发症。低钠的定义是每 100g 食物中含钠量低于 140mg。

**(七) 饮食分配和餐次安排**

1. 一日至少保证三餐,早、中、晚餐能量按 25%、40%、35% 的比例分配。在体力活动量稳定的情况下,饮食要做到定时、定量。注射胰岛素或易发生低血糖者,要求在三餐之间加餐,加餐量应从正餐的总量中扣除,做到加餐不加量。不用胰岛素治疗的患者也可酌情用少食多餐、分散进食的方法,以降低单次餐后血糖。

2. 食物的多样化与烹饪方法:在烹调方法上多采用蒸、煮、烧、烤、凉拌的方法,避免食用油炸的食物。

**(八) 限制饮酒**

1. 不推荐糖尿病患者饮酒。饮酒时需把饮酒中所含的热量计算入总能量范围内。

2. 每日不超过 1~2 份标准量(一份标准量为:啤酒 285ml,清淡啤酒 375ml,红酒 100ml 或白酒 30ml,各约含酒精 10g)。

3. 酒精可能诱发使用磺脲类或胰岛素治疗的患者出现低血糖。

**重点提示**

糖尿病饮食治疗的基本原则是,以合理控制总热能摄入量为前提,选择丰富多样、营养合理的食物,以获得合理营养。

## 三、膳食指导

### (一)食物选择

1. 宜选食物

(1)五谷杂粮,如莜麦面、荞麦面、燕麦面、玉米面等富含B族维生素、多种微量元素及膳食纤维的主食,长期食用可降低血糖、血脂。

(2)含糖低的蔬菜,如韭菜、西葫芦、冬瓜、黄瓜、西红柿、青椒、茄子。而黄瓜、西红柿含糖量低,既可做蔬菜又可当水果吃。

(3)含钙的食物,缺钙会促使糖尿病患者的病情加重。如虾皮、海带、排骨、芝麻酱、黄豆、牛奶等富含钙。

(4)富含硒的食物,硒与胰岛素调节糖代谢的生理活性类似。如鱼、香菇、芝麻、大蒜、芥菜等富含硒,能降低血糖、改善糖尿病症状。

(5)富含维生素B和维生素C的食物,补足这两类维生素,有利于减缓糖尿病并发症的进程,对减轻糖尿病视网膜病变、肾病变有利。如鱼、奶、白菜、豆类以及芥菜、甘蓝、青椒、鲜枣等含量较高。

此外,南瓜、苦瓜、洋葱、黄鳝等对病人多饮、多食、多尿症状有明显改善作用,有降低血糖、调节血糖浓度的功能,适宜多吃。

2. 禁忌食物

(1)易于使血糖迅速升高的食物:白糖、红糖、冰糖、葡萄糖、麦芽糖、蜂蜜、巧克力、奶糖、水果糖、蜜饯、水果罐头、汽水、果汁、甜饮料、果酱、冰淇淋、甜饼干、蛋糕、甜面包及糖制糕点等。

(2)易使血脂升高的食物:牛油、羊油、猪油、黄油、奶油、肥肉,对富含胆固醇的食物,更应特别注意,应该不用或少用,防止动脉硬化性心脏病的发生。

### (二)糖尿病饮食食谱编制

糖尿病饮食治疗应以患者体重改变、健康状况、活动能力、发育状态等总体情况作为参考,必要时加以调整。目前常用的计算方法有细算法、食品交换份法。

1. 细算法　细算法是糖尿病食谱计算中较经典的方法。此法以患者年龄、身高、体重、劳动强度等做参考。计算步骤严谨,数值准确,但在实际运用中显繁琐。细算法一般有以下4个步骤。

(1)确定患者每日所需的总热量:需考虑患者的劳动强度、肥胖程度、身高、年龄等因素。计算公式为:

总热量=理想体重×按需热量数[kcal/(kg·d)]

理想体重(kg)=身高(cm)-105

按需热量:此数值以患者日常劳动强度为参考,见表8-1。

肥胖度:计算总热量时还应考虑患者的胖瘦程度,临床常用体重指数(BMI)判断胖瘦程度。轻度肥胖的糖尿病患者在计算总热量时应取下限值,中度以上肥胖在下限值的基础上每天需再减去500kcal左右的热量。BMI<18.5的患者属消瘦,计算总热量时应取上限值。

(2)确定三大营养素的供给量:先确定各营养素的供给比例,然后根据总热量数算出实际供给量。按前述的治疗原则,糖类、脂肪、蛋白质的分配比例基本为50%~65%、25%~30%、

15% ~20%，但需结合患者的病情、饮食习惯等予以调整。例如消瘦患者脂肪的供给比例应取上限值，肥胖患者则适当减少。

(3)确定用餐次数：通常情况下，多数患者给予每日三餐固定饮食，其比例为 1/5、2/5、2/5。但如果患者长期注射胰岛素或在易于发生药物性低血糖反应等特殊情况下，宜适当调整用餐次数，以与胰岛素的治疗和活动相配合，更好地控制血糖，避免低血糖的发生。最好按六餐分配，早、中、晚餐为主食，并于早餐和午餐、午餐和晚餐之间及睡前有各加一次小餐。

不同病情糖尿病患者三大营养素分配比例见表 8-3。

**表 8-3　不同病情糖尿病患者三大营养素分配比例(%)**

| 分　型 | 糖类 | 蛋白质 | 脂肪 |
|---|---|---|---|
| 轻度肥胖(血糖基本控制) | 54 | 22 | 24 |
| 轻度消瘦 | 50 | 20 | 30 |
| 中重型(血糖控制不稳或差) | 55 | 18 | 27 |
| 合并高胆固醇 | 60 | 18 | 22 |
| 合并高三酰甘油 | 50 | 20 | 30 |
| 合并肾功能不全 | 66 | 8 | 26 |
| 合并高血压 | 56 | 26 | 18 |
| 合并多种并发症 | 58 | 24 | 18 |

(4)制定食谱：根据上述结果，制定具体的食谱。

(5)举例：患者张某，女，身高 165cm，体重 70kg，从事办公室轻体力工作，平时进食量中等，目前单纯饮食控制，无高血压、高血脂等并发症，血糖控制较好。

1)确定总热量：理想体重 = 165−105 = 60kg；按需热量 = (25 ~ 30) kcal/(kg · d)(轻体力劳动)；BMI = 70÷1.65$^2$ = 25.7，属轻度肥胖，总热量 = 60kg×[(25 ~ 30) kcal/(kg · d)] = 1500 ~ 1800kcal，由于患者轻度肥胖，应考虑减肥，取总热量值的下限值 1500kcal。

2)确定三大营养素供给量：根据三大营养素分配表确定患者的三大营养素比例为糖类 54%、脂肪 24%、蛋白质 22%。

糖类量 = (1500×54%)÷4 = 202.5(g)

脂肪量：= (1500×24%)÷9 = 40(g)(每天<40g 属低脂饮食)

蛋白质量 = (1500×22%)÷4 = 82.5(g)

3)确定三种能量营养素每餐供给量：早餐占 1/5，午餐占 2/5，晚餐占 2/5。

早餐：蛋白质 82.5×1/5 = 16.5(g)
　　　脂肪 40×1/5 = 8(g)
　　　糖类 202.5×1/5 = 40.5(g)

中餐：蛋白质 82.5×2/5 = 33(g)
　　　脂肪 40×2/5 = 16(g)
　　　糖类 202.5×2/5 = 81(g)

晚餐：蛋白质 82.5×2/5 = 33(g)
　　　脂肪 40×2/5 = 16(g)
　　　糖类 202.5×2/5 = 81(g)

4）确定主、副食品种和数量：已知三种能量营养素的需要量，根据食物成分表就可以确定主食和副食的品种和数量。

5）主食品种、数量的确定：由于粮谷类是糖类的主要来源，因此主食的品种、数量主要根据各类主食原料中糖类的含量确定。主食的品种主要根据用餐者的饮食习惯来确定，北方习惯以面食为主，南方则以大米居多。

根据上一步的计算，中餐中应含有糖类 81g，若以米饭和馒头为主食，并分别提供 20% 和 80% 的糖类。查食物成分表得知，每 100g 米饭含糖类 25. 9g，每 100g 馒头含糖类 50. 9g，则：

$$所需米饭重量 = 81\times20\% \div(25.9/100) = 62.5(g)$$

$$所需馒头重量 = 81\times80\% \div(50.9/100) = 127.3(g)$$

6）副食品种、数量的确定：根据三种产能营养素的需要量，首先确定主食的品种和数量，接下来就需要考虑蛋白质的食物来源了。蛋白质广泛存在于动、植物性食物中，除了谷类食物能提供的蛋白质，各类动物性食物和豆制品是优质蛋白质的主要来源。因此，副食品种和数量的确定应在已确定主食用量的基础上，依据副食应提供的蛋白质质量确定。

计算步骤如下：计算主食中含有的蛋白质重量。用应摄入的蛋白质重量减去主食中蛋白质重量，即为副食应提供的蛋白质重量。设定副食中蛋白质的 2/3 由动物性食物供给，1/3 由豆制品供给，据此可求出各自的蛋白质供给量。查表并计算各类动物性食物及豆制品的供给量。

仍以上一步的计算结果为例，由食物成分表得知，100g 馒头（富强粉）含蛋白质 7. 1g，100g 米饭含蛋白质 2. 6g，则：主食中蛋白质含量 = 62. 5g×(2. 6/100) + 127. 3g×(7. 1/100) = 10. 6g，副食中蛋白质含量 = 33g−10. 6g = 22. 4g。

设定副食中蛋白质的 2/3 应由动物性食物供给，1/3 应由豆制品供给，因此，动物性食物应含蛋白质重量 = 22. 4g×66. 7% = 15g，豆制品应含蛋白质重量 = 22. 4g×33. 3% = 7. 4g。

若选择的动物性食物和豆制品分别为猪肉（脊背）和豆腐干（熏），由食物成分表可知，每 100g 猪肉（脊背）中蛋白质含量为 20. 2g，每 100g 豆腐干（熏）的蛋白质含量为 15. 8g，则猪肉（脊背）重量 = 15g÷(20. 2/100) = 74g，豆腐干（熏）重量 = 7. 4g÷(15. 8/100) = 47g。

确定了动物性食物和豆制品的重量，就可以保证蛋白质的摄入。最后是选择蔬菜的品种和数量。蔬菜的品种和数量可根据不同季节市场的蔬菜供应情况，以及考虑与动物性食物和豆制品配菜的需要来确定。

7）确定纯能量食物的量：油脂的摄入应以植物油为主，有一定量动物脂肪摄入。因此，以植物油作为纯能量食物的来源。由食物成分表可知，每日摄入各类食物提供的脂肪含量，将需要的脂肪总含量减去食物提供的脂肪量即为每日植物油供应量。

本例患者中午食谱举例：

米饭 62. 5g，馒头 127. 3g，猪肉炖白菜（猪肉 74g，白菜 150g），韭菜拌豆腐干（韭菜 50g，豆腐干 47g）。

2. *食品交换份法* 从上述计算中可以发现，细算法虽然严谨精确，但不易在实践中应用，因此在临床中较少使用。而食品交换法由于简便易学，实用性强，目前已是国内外普遍采用的方法。此法以食物成分为依据，将各种食物分为六大类，订出了每一类食物的一个交换单位的重量，热量及所含各种营养素的数量（表 8-4）。此方法还制定了各类食物的等值交换表，以便根据患者的具体情况，先确定全日所需的总热量及三大营养素的量，然后指导患者运用食品交换表，选择个人喜爱的食物品种，制定出自己的一日食谱。

**表 8-4　食品交换份法的六类食品**

| 类　别 | 食　　品 |
|---|---|
| 第一类 | 富含糖类的谷类,如薯类和粉条、粉皮等含淀粉食品 |
| 第二类 | 富含无机盐、维生素和纤维素的蔬菜类 |
| 第三类 | 富含无机盐、维生素和果糖的水果类 |
| 第四类 | 富含蛋白质的瘦肉类,包括蛋类和豆腐等豆制品 |
| 第五类 | 含有蛋白质、脂肪、糖类等营养素的乳类,包括豆浆、牛奶等 |
| 第六类 | 油脂类,包括烹调油和含脂肪丰富的坚果类,如花生、核桃等 |

食品交换份法的计算步骤与细算法相似:①确定总热量,查出三大营养素比例;②确定餐次和每餐食物分配比例;③根据等值食品交换表制定食谱。

(1)等值谷类(包括淀粉类食品):交换表每份 25g 白米或面粉,提供热量 90kcal,蛋白质 2g,脂肪 0.5g,糖类 19g。

(2)等值蔬菜类:每份蔬菜提供热量 80kcal,蛋白质 5g,糖类 15g。

(3)等值水果类:每份水果提供热量 90kcal,蛋白质 1g,糖类 21g。

(4)等值瘦肉类(包括蛋类、豆制品):每份提供热量 80kcal,蛋白质 9g,脂肪 5g。

(5)等值豆类、乳类:每份供热量 80kcal,蛋白质 4g,脂肪 5g,糖类 6g。

(6)等值油脂类(包括坚果类):每份供热量 80kcal,脂肪 9g。

举例:患者,女,身高 165cm,体重 70kg,从事办公室文秘工作,平时进食量中等。2 型糖尿病,目前单纯饮食控制,无高血压、高血脂等并发症,血糖控制较好。

根据以上女患者的实际情况制定饮食计划如下:

(1)计算所需总热量:患者理想体重 = 165 − 105 = 60kg,按需热量 = 25 ~ 30kcal/(kg · d)(轻体力劳动),肥胖度 BMI = 70 ÷ 1.652 = 25.7,属轻度肥胖,总热量 = 60kg × [25 ~ 30kcal/(kg · d)] − 1500 ~ 1800kcal,由于患者轻度肥胖,应考虑减肥,取总热量的下限值 1500kcal。

(2)确定每餐实物分配:查表 8-5,该患者全天饮食总交换单位为 18.5 份,其中谷类 9 份、蔬菜 1 份、瘦肉 4 份、乳类 2 份、植物油 2 份、水果 1 份。

本例患者生活规律,三餐固定进食,比例为 1/5、2/5、2/5,将上述食品份数按比例分配(表 8-5),得出本例患者各餐次食品交换份数(表 8-6)。

(3)制定具体菜谱:查询等值食品交换表(表 8-7 ~ 表 8-12),根据患者口味制定具体菜谱。

**表 8-5　不同热量饮食治疗分配结构**

| 总热量(kcal) | 交换份总量 | 谷类(份) | 蔬菜(份) | 肉类(份) | 乳类(份) | 水果(份) | 油脂 |
|---|---|---|---|---|---|---|---|
| 1000 | 12 | 6 | 1 | 2 | 2 | | 1.5 |
| 1200 | 14.5 | 7 | 1 | 3 | 2 | | 1.5 |
| 1400 | 16.5 | 9 | 1 | 3 | 2 | 1.5 | 2 |
| 1600 | 18.5 | 9 | 1 | 4 | 2 | 1 | 2 |
| 1800 | 21 | 11 | 1 | 4 | 2 | 1 | 2 |
| 2000 | 23.5 | 13 | 1 | 4.5 | 2 | 1 | 2 |
| 2200 | 25.5 | 15 | 1 | 4.5 | 2 | 1 | 2 |
| 2400 | 28 | 17 | 1 | 5 | 2 | 1 | 2 |

**表 8-6　本例患者三餐食品交换份数**

| 食品 | 早(份) | 中(份) | 晚(份) |
|---|---|---|---|
| 谷类 | 1.5 | 3.5 | 4 |
| 蔬菜 | | 0.5 | 0.5 |
| 瘦肉 | | 2 | 2 |
| 乳类 | 2 | | |
| 油脂 | | 1 | 1 |
| 水果 | | 0.5 | 0.5 |

**表 8-7　等值谷类交换表**(每 25g 白米或面粉可换下列任一种食品)

| 食品 | 重量 | 食品 | 重量 |
|---|---|---|---|
| 生挂面 | 25g | 绿豆或赤豆 | 25g |
| 小米 | 25g | 干粉条 | 25g |
| 玉米面 | 25g | 凉粉 | 400g |
| 咸面包 | 37.5g | 土豆(食部) | 125g |
| 生面条 | 30g | 慈姑(食部) | 75g |
| 苏打饼干 | 25g | 山药(食部) | 125g |
| 银耳 | 25g | 藕粉 | 25g |
| 荸荠 | 150g | | |

**表 8-8　蔬菜等值交换表**

| 下列含糖 3%蔬菜食部每份 500g | 下列含糖 4%以上蔬菜每份重量 | |
|---|---|---|
| 白菜、圆白菜、菠菜、油菜、韭菜、芹菜、莴笋、西红柿、冬瓜、苦瓜、黄瓜、茄子、绿豆芽、菜花、鲜蘑菇、龙须菜、西葫芦 | 倭瓜 | 350g |
| | 柿椒 | 350g |
| | 丝瓜 | 300g |
| | 鲜豆 | 250g |
| | 扁豆 | 250g |
| | 四季豆 | 250g |
| | 鲜豌豆 | 100g |

**表 8-9　等值水果交换表**(按规定量互换任一种)

| 不同水果 | 重　量 | 不同水果 | 重　量 |
|---|---|---|---|
| 鸭梨 | 250g(2 小个) | 西瓜 | 750g |
| 葡萄 | 200g(20 粒) | 鲜荔枝 | 225g(6 个) |
| 苹果 | 200g(2 小个) | 香蕉 | 100g(2 小个) |
| 桃 | 175g(1 大个) | 黄岩蜜橘 | 250g(2 中个) |
| 李子 | 200g(4 小个) | 橙 | 350g(3 中个) |
| 鲜枣 | 100g(10 个) | 汕头蜜橘 | 275g(2 中个) |

**表 8-10　等值豆类、乳类交换表**(按规定可互换任一种食品)

| 豆、乳类 | 单　位 | 豆、乳类 | 单　位 |
|---|---|---|---|
| 淡牛奶 | 110ml(半瓶) | 豆浆 | 200ml |
| 牛奶罐头(淡) | 60ml | 豆汁 | 500ml |
| 牛奶粉 | 15g | 豆腐粉 | 20g |
| 酸牛奶(无糖) | 110ml(半瓶) | | |

**表 8-11　等值瘦肉交换表**(按规定可互换任一种食品)

| 食品品种 | 重　量 | 食品品种 | 重　量 | 食品品种 | 重　量 |
| --- | --- | --- | --- | --- | --- |
| 瘦猪肉 | 25g | 香肠 | 20g(寸长一细根) | 大排骨 | 25g |
| 鱼 | 75g | 酱肉 | 25g | 家禽类 | 50g |
| 猪舌 | 50g | 虾 | 75g | 猪心 | 70g |
| 蛤蜊肉 | 100g | 猪肝 | 70g | 肉松 | 20g(约一匙半) |
| 瘦牛肉 | 50g | 鸡蛋 | 55g(500g 约 9 只) | 麻豆腐 | 125g |
| 瘦羊肉 | 50g | 鸭蛋 | 55g(500g 约 9 只) | 干黄豆 | 20g |
| 兔肉 | 100g | 南豆腐 | 125g | 豆腐丝 | 50g |
| 北豆腐 | 100g | 豆腐干 | 50g | | |

**表 8-12　等值油脂类交换表**(按规定可互换任一种食品)

| 油　类 | 重　量 | 油　类 | 重　量 |
| --- | --- | --- | --- |
| 花生油、豆油、菜油、麻油 | 9g | 葵花子 | 30g |
| 花生米(生的或炸的 30 粒) | 15g | 南瓜子 | 30g |
| 核桃仁 | 12. 5g | 芝麻酱(一汤匙) | 15g |
| 杏仁 | 15g | | |

早餐:咸面包 37. 5×1. 5＝56g、牛奶 110×2＝220ml。

午餐:面条 30×3. 5＝105g、大排 25×2＝50g、白菜 500×0. 5＝250g、豆油一匙、小苹果 1 个。

晚餐:米饭 25×4＝100g、牛肉 50×2＝100g、黄瓜 500×0. 25＝125g、韭菜 300×0. 25＝75g、西瓜 750×0. 5＝375g、豆油一匙。

**表 8-13　某糖尿病患者一日参考食谱**

| 餐次 | 食物份数 | 食物和用量 |
| --- | --- | --- |
| 早餐 | 3. 5 | 咸面包 56g,牛奶 220ml |
| 午餐 | 7 | 面条 105g,大排 50g,白菜 250g,小苹果 1 个 |
| 晚餐 | 8 | 米饭 100g,牛肉 100g,黄瓜 125g,韭菜 75g,西瓜 375g,豆油一匙 |

**重点提示**

食品交换份法易于掌握,简便快捷地更新食谱,做到食品多样化。

(李淑玲)

# 第六节 痛 风

**案例分析**

李某，男，43岁。因足趾、踝关节剧痛2天前来就诊。自述2天前吃火锅、饮啤酒后疼痛明显，平时喜欢动物性食物。查体：双足趾、踝关节局部红、肿、热，拒按，行走困难，不畏风，小便浑浊。查血：抗"O"正常，血沉65mm/L，尿酸为450μmol/L，确诊为急性痛风发作。

分析：

1. 该患者痛风急性发作的原因是什么？
2. 如何对该患者进行饮食指导？

痛风是嘌呤代谢紊乱所致的一组疾病。嘌呤代谢紊乱可为遗传性，也可为获得性。本症可使多种脏器受累，临床表现取决于各种脏器受累程度，其特点是：高尿酸血症，急性关节炎反复发作，痛风石形成，严重者可导致关节活动障碍和畸形，肾尿酸结石及痛风性肾实质病变。

## 一、相关营养因素

1. 嘌呤代谢障碍　尿酸为嘌呤代谢的最终产物，主要由细胞代谢分解的核酸、其他嘌呤类化合物及食物中的嘌呤经酶分解而来。大量吸收嘌呤可使细胞外液尿酸水平迅速发生变化，常常是痛风性关节炎急性发作的诱因。

2. 三大营养素代谢　高水平胰岛素及胰岛素前体物可刺激肾小管 $Na^+$-$H^+$ 交换，增加 $H^+$ 排泌的同时，使尿酸重吸收增加，但总能量减少不可过快，因为突然减少能量的摄入会导致血酮升高，抑制尿酸从肾小管排泄，反而促进痛风发作。高蛋白饮食可导致内源性嘌呤合成增高，有可能增加尿酸的前体，故应适量。糖类有增加尿酸排泄的倾向，应是能量的主要来源。因果糖能增加腺嘌呤核苷酸的分解，加速尿酸的生成，故果糖应限制摄入。

3. 维生素对尿酸的影响　维生素供给要充足，特别是维生素B和维生素C能促使组织内淤积的尿酸盐溶解。

4. 水摄入量对尿酸代谢的影响　鼓励病人每天多饮水，增加排尿量，利于尿酸排出，防止尿酸盐的形成和沉积。

## 二、营养治疗原则

### (一)营养治疗的目的

痛风营养治疗的目的是防止或减轻痛风急性发作；缩短急性发作期；减轻尿酸盐在体内的沉积，预防尿酸结石形成，从而减少抗尿酸药的应用，减轻医疗负担。

### (二)营养治疗原则

1. 总热量的摄入　痛风病人半数超过理想体重甚至肥胖，总热量应较理想体重的标准饮食略低10%～15%，以适当减轻体重。根据工作情况一般按理想体重的标准，每日每千克体重25～30kcal计算为宜。因乳酸、β-羟丁酸、草酰乙酸等有机酸增加能竞争抑制肾小管尿酸的分泌,使血尿酸水平增高,故减肥者应避免饥饿性酮症的发生及剧烈运动。

重点提示

减轻体重应循序渐进,切忌减重过快。减重过快可促进脂肪分解,易诱发痛风症急性发作。

2. 低脂饮食　痛风病人约有 3/4 伴有高脂血症,宜采用低脂饮食控制高脂血症。此外,高脂饮食同样可使尿酸排泄减少而致血尿酸增高,故也应限制脂肪的摄入。饮食的设计要个体化,但一般每日脂肪摄入量限制在 40~50g 较为理想。

3. 低蛋白质摄入　痛风病人应限制蛋白质的摄入量,从而控制嘌呤的摄取。一般按每千克体重 0.8~1.0g/d 计算,选择牛奶、鸡蛋及植物性蛋白质为好。当肾受累出现蛋白尿时,应以病人血浆蛋白浓度和尿蛋白丢失量决定蛋白质的摄入量。若出现氮质血症则采用低蛋白、低嘌呤饮食。

4. 低盐饮食　痛风病人多伴有高血压,宜采用少盐饮食,多选择蔬菜、水果等碱性食物,特别是高钾、低钠的碱性蔬菜,既有利尿作用,又能促进尿酸盐溶解和排泄。

5. 补充无机盐及维生素　长期忌嘌呤、低嘌呤饮食,限制了肉类、内脏和豆制品的摄入,故应适当补充铁剂及多种微量元素,维生素 B 族及维生素 C 等。

6. 增加水的摄入　痛风病人应多饮水以利于尿酸的排出。最好保证每日饮水量 2000~3000ml,以维持一定的尿量促进尿酸排泄。这是饮食治疗中较为重要的环节。

7. 戒酒　因乙醇代谢使乳酸浓度增高抑制肾对尿酸的排泄,同时乙醇促进嘌呤的分解使尿酸增高,故酗酒常为急性痛风发作的诱因,应严格限制饮酒。

8. 低嘌呤饮食　低嘌呤饮食是指每天嘌呤的摄入量应控制在 100~150mg。采用低嘌呤饮食应注意烹调时先用水生煮,可使 50% 的嘌呤溶解在汤内,然后弃汤食用,以减少嘌呤的摄入量。

## 三、膳食指导

### (一)食物选择

痛风病人重要的是应了解食物中嘌呤的含量,患者可用每 100g 食物中嘌呤含量<75mg 的食物,少用每 100g 食物中嘌呤含量>75mg 的食物,禁用每 100g 食物中嘌呤含量在 150~1000mg 的食物。

现将食物根据嘌呤含量的不同进行分类,见表 8-14~表 8-17。

**表 8-14　嘌呤含量高的 1 类食物**(每 100g 嘌呤含量 150~1000mg)

| 类别 | 品种 |
|---|---|
| 肉类及内脏 | 牛肝、牛肾、胰、脑、凤尾鱼、沙丁鱼 |
| 肉汤 | 各种肉、禽制的浓汤和清汤 160~400mg |

表 8-15 嘌呤含量较高的 2 类食物(每 100g 嘌呤含量 75~150mg)

| 类 别 | 品 种 |
|---|---|
| 鱼类 | 鲤鱼、鳕鱼、鲈鱼、鲭鱼、大比目鱼、鱼卵、小虾、淡菜、白鱼、鳗鱼及鳝鱼 |
| 禽类 | 鹅、鸽、鸭、野鸡、火鸡 |
| 肉类 | 兔肉、鹿肉、猪肉、牛舌 |
| 豆类 | 扁豆 |

表 8-16 嘌呤含量较少的 3 类食物(每 100g 嘌呤含量<75mg)

| 类 别 | 品 种 |
|---|---|
| 鱼类 | 青鱼、鲱鱼、鲑鱼、金枪鱼、白鱼、龙虾、蟹、牡蛎 |
| 肉类 | 鸡、火腿、羊肉、牛肉 |
| 谷类 | 麦麸、面包、麦片 |
| 蔬菜类 | 芦笋、菜花、四季豆、青豆、豌豆、菜豆、菠菜、蘑菇 |

表 8-17 嘌呤含量很少的 4 类食物

| 类 别 | 品 种 |
|---|---|
| 乳类 | 各种鲜奶、炼乳、奶酪、酸奶、牛奶、适量奶油、冰淇淋 |
| 蛋类 | 鸡蛋、鸭蛋 |
| 谷类 | 精白米、富强粉、玉米、精白面粉、馒头、面条、通心粉、苏打饼干、蛋糕 |
| 蔬菜类 | 卷心菜、胡萝卜、芹菜、黄瓜、茄子、甘蓝、莴苣、刀豆、西红柿、西葫芦、南瓜、倭瓜、萝卜、洋葱、白菜、山芋、土豆、泡菜、咸菜 |
| 水果类 | 梨、杏、苹果、葡萄、橙等各种水果 |
| 干果类 | 花生、杏仁、核桃、糖及糖果 |
| 各种饮料 | 汽水、茶、咖啡、可可等 |

### (二)食谱编制

1. 急性发作期食谱　应严格限制含嘌呤高的食物，以免外源性嘌呤的过多摄入。可选用第 3 类食物，以牛奶、鸡蛋为膳食中主要的优质蛋白质来源，以精白米面为热能的主要来源。选含嘌呤低的蔬菜和水果，限制脂肪。食谱举例如下：

早餐：牛奶 200ml，面包 1 个(面粉 50g)。

中餐：洋葱炒鸡蛋(洋葱 200g、鸡蛋 50g)，凉拌黄瓜(黄瓜 100g)，米饭(大米 100g)。

晚餐：番茄鸡蛋面(番茄 200g、鸡蛋 50g、面粉 100g)。

2. 缓解期食谱　给予正常平衡膳食，以维持理想体重和正常血尿酸水平。蛋白质摄入能加速痛风病人尿酸的合成，每日摄入应小于 1g/kg，有限量地选用第 3 类食品。应继续维持理想体重，限制脂肪的摄入。食谱举例如下：

早餐：牛奶 200ml，面包 2 个(面粉 100g)。

中餐：花卷一个(面粉 50g)，芹菜炒鸡丝(芹菜 200g、熟鸡脯肉去汤 50g)，丝瓜汤 300ml。

晚餐：米饭(大米 100g)，韭菜炒鸡蛋(韭菜 100g、鸡蛋 100g)，番茄黄瓜汤(番茄 100g、黄瓜 100g)。

(李淑玲)

# 第七节　肥　胖　症

> **案例分析**
>
> 王某，男，45岁，办公室文员，身高170cm。近年来，由于工作原因活动量明显减少，体重由70kg增加至95kg，并出现活动后气喘，上下楼梯困难，睡眠时鼾声明显。平素喜欢肉食，蔬菜、水果摄入量很少，经常饮酒。
>
> 分析：
>
> 1. 该患者为哪种类型的肥胖?
> 2. 给该患者编制一日食谱。

肥胖病是能量摄入超过能量消耗而导致体内脂肪积聚过多达到危害程度的一种慢性代谢性疾病。肥胖症是多种疾病如2型糖尿病、心血管疾病、高血压、多种癌症等发生的危险因子。肥胖目前在全球范围内广泛流行，在欧洲、美国和澳大利亚等发达地区中，肥胖的患病率高。在我国，肥胖人数也日益增多，肥胖症已被世界卫生组织列为与癌症并列的21世纪威胁人类健康的最严重的疾病。

脂肪蓄积是个循序渐进的过程，轻度肥胖和正常体重之间并没有明确的界限。我国肥胖工作组2003年制定的标准：BMI>28kg/m$^2$为肥胖。腰围：男性>85cm或女性>80cm为肥胖。腰臀比(腹围/臀围)：男性>0.85或女性>0.80为肥胖。

BMI通常分为正常值、Ⅰ级危险值、Ⅱ级危险值和Ⅲ级危险值，成年人肥胖症的分级标准如下：Ⅲ级危险值，BMI≥30kg/m$^2$；Ⅱ级危险值，BMI 25~29.9kg/m$^2$；Ⅰ级危险值，BMI 23~24.9kg/m$^2$；正常值，BMI 18.5~22.9kg/m$^2$。根据上述判断标准，Ⅱ、Ⅲ级肥胖患者具有较高的死亡率，Ⅰ级肥胖患者早期多无明显自觉症状，但如不加以控制则可以逐步发展到Ⅱ级或Ⅲ级，所以也必须引起重视。

## 一、相关营养因素

### (一)能量摄入过多

现代社会人群的能量摄入普遍呈上升趋势。能量增加主要来源于脂肪和糖类摄入增多。当营养素及能量摄入过多，超过机体的需要，剩余部分便转化成脂肪贮存于体内，导致肥胖。

### (二)膳食结构失衡

膳食结构中各营养素间失去平衡与肥胖发生有着密切关系。

1. 脂肪比例　膳食中脂肪尤其是动物性脂肪摄入增加是大部分国家肥胖人群增长的重要原因。以我国居民健康与营养调查的数据为例：1989~1997年成人能量摄入状况变化不明显，但高脂肪膳食的比例增加了2.5倍，动物性脂肪的摄入显著增多；1997年我国60%城市居民膳食中脂肪提供的能量占总能量比例(供能比)超过30%，近70%城市居民动物性脂肪供能比超过10%。而根据WHO的建议，膳食中脂肪供能比不超过30%，动物性脂肪供能比应在10%内。研究表明：脂肪(特别是动物性脂肪)能提高食物的能量密度(能量密度指一定体积的食物或膳食所产生的能量)，导致过度的能量摄入，超过能量消耗的脂肪并不被机体氧化，而是在体内贮存，使能量正平衡，引起体内脂肪增加。

2. 糖类含量　传统理论认为，饮食结构中糖类的含量对肥胖的发生只起次要作用，但NHANES的数据显示伴随着脂肪供能比下降、糖类摄入量上升，肥胖的检出率加速增长：1971-2000年糖类供能比上升了约6%，脂肪供能比则下降约4%（由于总能量摄入的增加，脂肪摄入的绝对值仍稍有增长），而同期肥胖的检出率却增长了一倍多。美国人群数十年来脂肪的摄入量相对降低，可能与政府较早提倡低脂饮食有关。世界粮农组织（FAO）与WHO于1998年发布的“糖类与人类营养”的报告中，推荐应用血糖指数（GI）作为糖类食物的选择指标之一。

3. 其他营养素　由于谷类、新鲜蔬菜和水果等食用偏少而致膳食纤维摄入不足与肥胖发生也有一定关系。在谷类、蔬菜和水果中，含有大量不被人体消化吸收的膳食纤维，膳食纤维被摄入体内后，极易吸收水分并迅速膨胀，不仅使人的饱腹感来得快、保持时间长，而且释放的能量少，起着防止能量摄入过多、预防肥胖、保持体重的作用。最近研究发现，微量营养素中钙的缺乏也与肥胖发生相关。当膳食中缺钙时，机体在钙营养性激素（如甲状旁腺素和活性维生素D）作用下，提升细胞（尤其是脂肪细胞）内的钙浓度，而脂肪细胞内的钙积聚能抑制脂肪分解和促进脂肪合成，导致肥胖发生。

**重点提示**

高蔗糖膳食可引起高胰岛素血症。胰岛素的作用之一是促进脂肪的合成，胰岛素水平升高可导致体内脂肪积累，包括皮下脂肪和腹腔内脂肪。

**（三）围产期营养缺乏**

母体围产期的营养不良可能导致后代肥胖（特别是中心型肥胖）发生的风险增加。动物实验发现，怀孕早期营养素和能量的缺乏可引起胎儿的脂肪沉积和瘦素水平的增高，并与成年后肥胖发生的风险增加有关。

**（四）不良饮食行为**

饮食行为也是影响肥胖症发生的重要因素。不吃早餐并没有减肥作用，相反，还会导致肥胖，因为不吃早餐常常导致其午餐和晚餐时摄入的食物增多，使一日的能量摄入总量增加。现在快餐消费已成为人们较普遍的饮食行为，但快餐食品多含高脂肪高能量，而营养构成却比较单调，经常食用会导致肥胖和某些营养素缺乏。胖人的进食速度一般较快；而慢进食时，传入大脑摄食中枢的信号可使大脑做出相应调节，较早出现饱足感而减少进食。此外，经常性地一次摄食过多、餐间消费也是肥胖发生的重要原因。

**（五）生活习惯及嗜好**

身体能量消耗较少，不常进行体力活动是发生肥胖的危险因素之一。随着生活水平的提高，人们习惯于舒适的生活环境，缺乏运动和锻炼，久而久之导致肥胖，尤其是嗜好静坐的生活方式（如坐着看电视等）与肥胖的发生密切相关。

## 二、营养治疗原则

1. 控制总能量　人体对糖类、脂肪、蛋白质等营养素消化吸收后，首先用于机体正常的能量消耗，多余的以脂肪形式贮藏起来。通过严格限制能量摄入使膳食供能量低于机体实际消耗量，以造成机体能量的负平衡，可促进脂肪运动，有利于减轻体重。轻度肥胖患者每天减少 125~250kcal 的能量摄入；中度以上的肥胖患者每天减少 550~1100kcal 的能量摄入，以每月体重降低 0.5~1.0kg 为宜。待体重降至正常范围或合理范围后，给予维持体重的能量值。

2. 适量蛋白质的供给　减少脂肪、糖类的摄入量，会大量消耗肌肉组织中的蛋白质，可能会使机体的某些器官损坏。为维持蛋白质的平衡，应保证膳食中有足够的蛋白质，选用优质蛋白质，如牛奶、鱼、鸡、鸡蛋清、瘦肉等比较好。一般推荐在低热量膳食中，蛋白质的摄入每千克理想体重 1.2~1.5g/d，供能比 15%~20%。

3. 限制脂肪和胆固醇　肥胖者往往血脂高，因此应限制脂肪的摄入量，特别是饱和脂肪酸的摄入量。但也不宜过低，可占总能量的 20%~30%，并提高不饱和脂肪酸所占的比例，胆固醇每天应少于 300mg。

4. 限制糖类　糖类是机体热能的主要来源，糖类消化吸收快，易造成饥饿、食欲增加，因此膳食中糖类比例高对减肥不利，但过低糖类的膳食可能诱发机体发生因脂肪氧化过多引起的酮症，糖类的供能比占全天总热能的 40%~55% 为宜。

5. 膳食纤维和微量营养素　膳食纤维对肥胖者减少能量摄入、减轻体重有明显益处。研究发现：在饮食中增加 14g/d 的膳食纤维能使每日能量摄入下降 10%，3.8 个月后体重下降1~9kg。美国糖尿病协会推荐膳食纤维的适宜摄入量为 20~35g/d。另外，在应用低能量饮食时，为避免因食物减少而引起维生素、无机盐等的摄入不足，可增加蔬菜和水果的摄入，因其能量密度低，能减少饥饿感而不致过多摄入食物，并富含膳食纤维和微量元素。

6. 限制食盐的摄入量　食盐能引起口渴和刺激食欲，并可造成水潴留而增加体重，对减肥不利，还会使血压升高，因此应限制食盐的摄入，每天 3~6g 为宜。

7. 合理的进食习惯　三餐定时定量、吃好早餐节制晚餐、少吃或不吃甜食和零食、细嚼慢咽。

8. 恰当的烹调加工方法　减少烹调油的用量。每天用量少于 20g，少用煎、炸、烤等烹调方法，多用凉拌、蒸煮、炒等烹调方法。

## 三、膳食指导

### （一）食物选择（表 8-18）

表 8-18　肥胖患者适宜食物及禁忌食物

| 食物种类 | 适宜食物 | 禁忌食物 |
|---|---|---|
| 谷类 | 莜面、荞麦面等粗粮 | 高糖、高脂的糕点及蜜饯等 |
| 肉、禽、鱼类 | 适量食用 | 肥肉、各种动物性脂肪、腊肉 |
| 奶蛋类 | 适量食用 | 奶油、全脂奶粉、奶酪 |
| 蔬菜类 | 不限，特别是深色蔬菜 | 含淀粉高的薯类、芋类 |
| 豆类 | 尤其是豆制品 | |
| 水果类 | 适量食用新鲜水果 | 含糖高的水果、脂肪高的干果、糖制水果罐头 |
| 饮料及其他 | 茶、咖啡 | 高糖饮料、酒精饮料、巧克力 |

### （二）编制食谱

1. 确定用餐对象全日能量供给量　某肥胖患者为办公室文员，劳动情况为轻体力劳动、重度肥胖，故该患者全天摄入的能量应为 1800kcal。

2. 计算产热营养素全日应提供的能量　蛋白质占总能量的 15%，脂肪占 25%，糖类占 60%，则三种能量营养素各应提供的能量如下：

蛋白质：1800×15% = 270kcal；脂肪：1800×25% = 450kcal；糖类：1800×60% = 1080kcal。

3. 计算三种能量营养素每日需要数量　根据三大产能营养素的能量供给量及其能量系数，可求出全日蛋白质、脂肪、糖类的需要量。蛋白质：270÷4 = 67. 5g；脂肪：450÷9 = 50g；糖类 1080÷4 = 270g。

4. 计算三种能量营养素每餐需要量　一般三餐能量的适宜分配比例为：早餐占 30%，午餐占 40%，晚餐占 30%。

早餐：蛋白质 67. 5×30% = 20. 25g；脂肪 50×30% = 15g；糖类 270×30% = 81g。

午餐：蛋白质 67. 5×40% = 27g；脂肪 50×40% = 20g；糖类 270×40% = 108g。

晚餐：蛋白质 67. 5×30% = 20. 25g；脂肪 50×30% = 15g；糖类 270×30% = 81g。

5. 主副食品种和数量的确定

早餐：早餐中应含有糖类 81g，以小米粥和烙饼为主，每 100g 烙饼含糖类 52. 9g，每 100g 小米粥含糖类 8. 4g，所需小米粥重量 = 81×20%÷8. 4% = 193g，所需烙饼重量 = 81×80%÷52. 9% = 123g。主食中含蛋白质 11. 92g，从鸡蛋中摄取蛋白质重量 = 8. 33g，蛋白质主要从鸡蛋中摄取，每 100g 鸡蛋中含蛋白质 13. 3g，所需鸡蛋重量 8. 33÷13. 3% ≈63g。

午餐：主食为馒头，每 100g 馒头中含糖类 47g。所需馒头重量 = 108÷47% = 230g，230g 馒头中含蛋白质 = 230×7% = 16. 1g，副食中所需蛋白质为 27 − 16. 1 = 10. 9g，动物蛋白质占总蛋白质的 2/3，植物蛋白质占 1/3，所需动物蛋白质重量 = 10. 9×2/3 = 7. 3g，所需植物蛋白质重量 = 10. 9×1/3 = 3. 6g，猪肉重量 = 7. 3÷20. 2% = 36g，腐竹重量 = 3. 6÷44. 6% = 8g。

晚餐：主食为米饭，每 100g 米饭中含糖类 25. 9g。所需米饭重量 = 81÷25. 9% = 313g，米饭中含蛋白质 8. 13g，副食中含蛋白质 20. 25 − 8. 13 = 12. 12g。副食为糖醋鲤鱼，每 100g 鲤鱼中含蛋白质 17. 6g，所需鱼重量 = 12. 12÷17. 6% = 69g。

睡前 1 袋牛奶。

肥胖患者食谱举例见表 8-19。

**表 8-19　肥胖患者食谱举例**

| 餐次 | 食物 | 重量 |
|---|---|---|
| 早餐 | 烙饼<br>鸡蛋<br>拌黄瓜<br>小米粥 | 烙饼 123g<br>鸡蛋 63g<br>黄瓜 100g<br>小米粥 193g |
| 加餐 | 苹果 | 100g |
| 午餐 | 腐竹炒芹菜<br>芹菜猪肉丝<br>馒头 | 腐竹 8g<br>芹菜 100g<br>猪肉 36g<br>菠菜 100g<br>馒头 230g |
| 加餐 | 核桃<br>猕猴桃 | 50g<br>80g |
| 晚餐 | 米饭<br>糖醋鲤鱼<br>丝瓜汤 | 313g<br>69g<br>丝瓜 5g |
| 加餐 | 1 袋牛奶 | 250g |

**重点提示**

①在严格控制能量的情况下，蛋白质的过度摄入可引起肝肾功能的损害；②减肥要与运动相结合。游泳、爬山、跑步、骑自行车、打乒乓球等运动均有助于减肥，但一定要持之以恒。

（李淑玲）

## 第八节　肿　　瘤

**案例分析**

老李，男，68岁，因无明显诱因咳嗽咳痰，痰中带血丝，伴胸闷、胸痛进行性加重，并伴进行性消瘦和低热。患者有40年吸烟史。患者之前曾在当地县医院治疗（具体治疗情况不详），症状无好转。来院就诊。胸部CT示右下肺背段7.5cm×6.5cm软组织影，密度不均，边缘毛糙，见分叶及毛刺，右侧肺门淋巴结肿大，放射性核素骨扫描示左侧第2前肋局部骨代谢增强，转移性骨肿瘤。右下肺穿刺发现小片低分化鳞癌细胞。对患者应用“双向冲击纳米激活杀癌疗法”方案。

分析：

如何对该治疗后患者安排饮食？

肿瘤是人体器官组织的细胞，在外来和内在有害因素的长期作用下所产生的一种以细胞过度增殖为主要特点的新生物。这种新生物与受累器官的生理需要无关，不按正常器官的规律生长，丧失正常细胞的功能，破坏了原来器官结构，有的可以转移到其他部位，危及生命。肿瘤可以分为良性肿瘤和恶性肿瘤两大类。良性肿瘤对机体的影响较小，主要表现为局部压迫和阻塞症状，其影响主要与发生部位和继发变化有关。恶性肿瘤由于分化不成熟、生长较快，浸润破坏器官的结构和功能，并可发生转移，因而对机体影响严重。

WHO专家预测，2020年全球人口80亿，癌症发病将达到2000万人，死亡将达到1200万人，癌症将成为新世纪人类第一杀手，对人类生存构成最严重的威胁。

肿瘤的病因极其复杂，包括遗传、饮酒、食物添加剂、环境污染、职业暴露、不健康生活方式，其中不健康生活方式占全部恶性肿瘤病因的10%～70%，当前公认，在肿瘤病因中，大约35%与饮食有关。

### 一、相关营养因素

#### （一）饮食结构不合理

1. 热能　热能是反映三大生热营养素的间接指标。动物实验资料表明，限制进食的动物比自由进食的动物自发性肿瘤的发病率低，肿瘤发生的潜伏期延长；不限制摄入热能但强迫动物运动以促进热能的消耗,也可以抑制化学致癌物对实验动物的致癌作用。

2. 蛋白质　研究表明,蛋白质摄入过低,易引起食管癌和胃癌;蛋白质的摄入过多,易引起结肠癌、乳腺癌和胰腺癌。因此,蛋白质的摄入应当适量。一般成年人蛋白质占总热能的12%～15%,每日摄入70～80g蛋白质为宜。

3. 脂肪　肿瘤流行病学的资料表明,脂肪的摄入量与结肠癌、乳腺癌、动脉粥样硬化性心脏病的发病率成正相关,而与胃癌呈负相关。膳食脂肪中多不饱和脂肪酸高与乳腺癌的发生关系密切。脂肪占总热能的20%～25%,多不饱和脂肪酸、单不饱和脂肪酸和饱和脂肪酸的比例以1∶1∶1为宜。

4. 糖类　研究表明:高糖类或高血糖浓度能抑制化学致癌剂对动物的致癌作用。膳食纤维能吸附致癌物质和增加容积稀释致癌物,其摄入不足易导致肿瘤的发生。

5. 维生素　对维生素与肿瘤关系的研究主要集中在维生素A类、维生素C和维生素E方面。维生素$B_2$缺乏对食管癌的发生也有影响。维生素D也有防癌的作用,补充叶酸可防结肠癌,防止胃癌癌前病变向胃癌转化。

(1)维生素A类:β胡萝卜素不仅在体内能转化为维生素A,它是一种能消除过量氧自由基的抗氧化剂,易被胃肠道很快吸收,并容易进入组织和细胞内,是一种细胞内的抗氧化剂。

(2)维生素C和维生素E:维生素C是水溶性的抗氧化剂,维生素E是脂溶性的抗氧化剂,有消除超氧阴离子自由基的作用。不少致癌物必须在体内经过代谢活化形成自由基去攻击脱氧核糖核酸(DNA),才产生致癌的作用。维生素C、维生素E摄入不足致此防护作用减弱。

6. 无机盐

(1)钙:钙有抑制脂质过氧化的作用。它能与脱氧胆酸等相结合形成不溶性钙盐,能保护胃肠道免受次级胆酸的损伤。在我国膳食中常易缺乏钙,因此增加钙的摄入对防癌更有实际意义。

(2)锌与铜:在肺癌、食管癌、胃癌、肝癌、膀胱癌、白血病病人血清中均可见到铜高锌低现象,Cu/Zn比值升高的现象,尤以病情恶化或有转移者更为明显。

(3)硒:硒的防癌作用比较肯定。硒是谷胱甘肽过氧化酶的重要组成成分,它能清除氧自由基,保护细胞和线粒体膜的结构和功能。硒还有加强细胞免疫功能的作用,因此有防癌作用。

**(二)饮食习惯不良**

1. 过食温热性食物　温热性食物一是指温度过高、过烫的食品。过烫饮食是导致食管癌等消化道肿瘤发生的重要原因。饮食过热,会损伤、刺激食管黏膜上皮,长期刺激下将诱导组织恶变。

2. 进食速度过快　吃饭快,食物的咀嚼不细,易损伤消化道黏膜,产生慢性炎症;另外,吃饭快,食物团块的体积大,易对食管和贲门等消化道产生较强的机械刺激,久之会引起消化道损伤甚至癌变。

3. 食用变性食物

(1)霉烂食物:黄曲霉毒素已被公认为是最强烈的致癌物,而黄曲霉菌富含于霉烂的谷物、玉米、花生中,该菌在温暖、潮湿的环境下易于生长繁殖。

(2)腌制食品:亚硝酸盐是公认的致癌物,蔬菜、鲜肉等腌制后会产生大量的亚硝酸盐。

盐腌的干鱼中,发酵的腌菜、泡菜、酸菜中,隔夜的煮熟白菜、香肠、肉类中都含有亚硝基化合物,如果经常食用这些食物就有致癌的危险。

## 二、营养治疗原则

### (一)营养治疗目的

1. 纠正或改善病人的营养状况,提高机体的免疫功能和抗病、抗癌能力。

2. 通过调整病人的营养状况,改善生活质量,避免焦虑不安,使病人在精神和心理上充实愉快。

3. 营养治疗可提高病人对手术治疗的耐受性,减少术后感染,加速伤口愈合,也可提高病人耐受化疗和放疗的能力,减少治疗的毒性副作用。

### (二)营养治疗原则

1. *减少食物中的致癌物和致癌前体物的摄入*　这主要包括高脂食品,如动物性脂肪、油炸食品、含油脂多的糕、饼、点心等尽量少吃;低纤维食物,如精米、精面尽量少吃;烧烤烟熏食品,如烤鸡、烤鸭、烤羊肉串等烧烤食品,煎炸焦煳的食品尽量少吃或不吃;腌制食品尽量少吃或不吃;含有添加剂和防腐剂的食品尽量少吃;污染不洁、发霉、腐烂、变质的食品不能吃。

2. *平衡的膳食结构*　膳食结构的不平衡易引起肿瘤的发生,热能的摄入过多易发生肥胖,肥胖者易患结肠癌、乳腺癌,脂肪的摄入过多与结肠癌、乳腺癌、前列腺癌、胰腺癌的死亡率成正相关,食盐的摄入过多会增加胃癌的发生。因此,应控制热能的摄入,保持正常的体重;脂肪应当适量,占总热能的 20% ~ 25% ;食盐要限量,每人每日小于 6g。

3. *增加保护性的营养*

(1)增加抗氧化的营养素:胡萝卜素、维生素 E、维生素 C 及其元素硒等都是抗氧化营养素有防癌的作用。蔬菜中含丰富的 β 胡萝卜素、维生素 C、维生素 E,美国癌症研究机构 1997 年报道,根据各国肿瘤流行病学的资料分析,蔬菜是最佳的防癌食物。其中以喉癌、食管癌、肺癌、胃癌、结肠癌、乳腺癌、膀胱癌的预防作用最为明显。因此,应多食新鲜蔬菜,而隔夜蔬菜含致癌前体物亚硝酸盐高,不宜食用。

(2)增加膳食纤维的摄入:膳食纤维为不能被人体消化吸收利用的物质,包括有纤维素、半纤维素、木质素、果胶、黏胶、藻类多糖等,除木质素外,其他均属多糖。膳食纤维能稀释肠内致癌物并促进其排泄,有防癌作用,尤以水溶性的膳食纤维为佳,每日需要 20 ~ 40g,可来自蔬菜和水果。每人每日需要蔬菜 500g。

(3)适当增加蛋白质和钙:多饮牛奶或豆浆,蛋白质能减少胃内亚硝胺的合成,对胃癌有预防作用。钙能与肠内次级胆酸中的脱氧胆酸结合成不溶性的物质,有预防结肠癌的作用。

(4)提高免疫功能的食物:真菌类食物中的多糖有提高人体免疫功能的作用,如香菇多糖、蘑菇多糖、云芝多糖等。此外,枸杞多糖、黄芪多糖、牛膝多糖等也有提高免疫功能的作用。此外,精神的愉快,适当的体育锻炼对提高免疫功能和抗氧化能力也是有帮助的。

4. *忌烟酒*　大量饮酒是导致喉癌、食管癌、胃癌、乳腺癌、肝癌的重要原因,尤其是大量饮高度酒、酗酒,更易引发癌症。吸烟可致癌,如果饮酒的同时吸烟,则烟草与酒精有协同效应,对口腔癌、食管癌和上呼吸道癌有协同致癌作用。

5. *养成良好的饮食习惯*　按平衡膳食的原则,食物要多品种搭配,主食以谷类为主,粗细搭配;副食以素食为主,荤素搭配,不偏食、不挑食、不专吃同一种食物、不暴饮暴食、不过饥过饱；食物宜现做现吃，多吃新鲜食品，少吃贮存过久的食品；不要常吃夜宵，夜宵食物长时间地停留在胃内，可促进胃液的大量分泌，对胃黏膜造成刺激，久而久之，导致胃的抵抗力减弱，进而导致胃癌。

## 三、膳 食 指 导

### （一）食物选择

1. *术后患者* 癌症病人手术后应选择高热量、高蛋白、高维生素的饮食，以满足手术消耗和组织修复的需要。蛋奶、肉汤、豆及其制品以及富含维生素和矿物质的新鲜蔬菜、水果。

2. *化疗病人* 病人接受化疗后，都需要有足够的营养补充，这对机体提高免疫力、增强抵抗力、减少化疗的不良作用都有帮助。在饮食调理上要注意补充足够的优质蛋白，动物性蛋白以低脂肪的鸡、鱼、奶为好，吃含植物性蛋白丰富的豆类食品，可选用人参、西洋参、黄芪、大枣、鳝鱼、甲鱼、桂圆等，以促进细胞增殖；化疗病人常有贫血的倾向，应给病人含铁的食物；癌症病人每天需补充维生素 C，以支持白细胞和红细胞的功能，并预防化疗药物产生的副作用，要多食富含维生素的食物，最好将含维生素 C 多的蔬菜、水果榨汁饮用。为了防止呕吐，饮食以清淡而富有营养易于消化的食物为主，可多吃些新鲜蔬菜、水果，采取少吃多餐的方法。化疗期间多饮绿茶，可增强化疗药物杀死癌细胞的效用，而且不会增加毒副作用。

3. *放疗病人* 接受治疗的病人，首先应注意保护照射部位的皮肤。保持皮肤清洁、干燥，禁用肥皂擦洗，不涂酒精、碘酒等有刺激性的药物；避免硬质粗糙衣服摩擦皮肤；避免烈日曝晒，忌用热水烫洗。由于放射治疗的部位不同，饮食选择也有差异：头部放疗后，应多服用苦瓜、胡萝卜、番茄、莲藕、海蜇等，主食以半流汁或软烂食物为好。如发生口腔黏膜干燥、味觉改变，要多饮水，保持黏膜湿润，忌烟、酒及一切有刺激性的食物。胸部放疗后，可发生放射性纤维变性，肺功能减弱，出现气胸、胸闷、咳嗽，应多服滋阴润肺、补气养血、止咳化痰的食品，如冬瓜、丝瓜、核桃仁、白木耳、香菇、燕窝等。如有乏力、精神不振及食欲减退、恶心呕吐等症状时，可给病人清淡易消化食物，少量多餐，一般清晨反应最轻，应鼓励病人早餐多进食。腹部放疗后，应多服健脾和胃、养血补气的食品，如薏苡仁粥、山楂、鸡蛋、猪肝、鲜鱼等。如果出现腹泻、大便带血等症状，病人应吃少渣食物，不喝牛奶及奶制品，腹泻次数多的病人，就应注意补助液体使电解质平衡，可饮用糖盐水。

### （二）防癌建议

世界癌症研究基金会和中国癌症基金会 2007 年 10 月在北京联合主办世界癌症研究基金会（WCRF）出版的《食物、营养、身体活动和癌症预防》新报告发布会，对全球范围内大量的关于食物、营养、肥胖、身体活动和癌症预防方面的证据进行了综述，并提出了 10 条癌症预防新建议：

1. 在正常体重范围内尽可能地瘦。

2. 每天至少进行 30min 身体活动。

3. 避免含糖饮料。限制摄入高能量、高密度的食物（尤其是高糖、低纤维、高脂肪的加工食品，如汉堡包、炸薯条和奶昔等）。

4. 多吃各种蔬菜、水果、全麦和豆类。

5. 限制红肉（猪肉、牛肉、羊肉）摄入，避免食用加工过的肉制品。

6. 如果喝酒，男性每天不超过两份，女性不超过 1 份。一份含酒精 10~15g。

7. 限制盐腌食品或用盐加工的食品。
8. 不用膳食补充剂预防癌症。
9. 母亲对婴儿最好进行 6 个月完全母乳喂养,之后添加其他液体和食物。
10. 癌症患者治疗后应遵循癌症预防的建议。

**(三)食谱举例**

张某,56 岁,肺癌,伴咳嗽。
早餐:酸奶 220g,麦麸面包 50g,鸡蛋 50g。
午餐:黑豆蒸米饭 100g,蒜泥拌瘦肉 50g,新鲜番茄 100g。
晚餐:馒头 100g,胡萝卜 200g,龙眼蒸排骨 150g。

## 讨论与思考

1. 冠心病的营养治疗原则是什么?
2. 缺铁性贫血的营养治疗措施有哪些?
3. 糖尿病的发病与哪些营养因素有关?
4. 如何安排糖尿病患者的饮食?
5. 痛风发病与哪些营养因素有关?
6. 如何对急性发作期痛风患者进行膳食指导?
7. 肥胖发病与哪些营养因素有关?
8. 肿瘤的发病与哪些营养因素有关?

(李淑玲)

# 实　　践

## 实践一　膳 食 调 查

【实践目的】

1. 了解膳食调查的意义。

2. 熟悉膳食调查的方法,会计算热能和各种营养素。

3. 能对膳食调查结果做出正确评价,并提出改进意见。

【实践学时】　2 学时

【实践案例】

采用记账法进行膳食调查。通过调查获得如下资料,试计算每人每天各种营养素摄入量,并做出初步评价。

某护士学校,有就餐学生 2400 人,年龄 16~20 岁,全部为女性。采用记账法调查得知,某年 10 月 10 日至 14 日共 5 天内消耗粳米 3000kg,小麦粉 3000kg,小白菜 4000kg,毛豆 1400kg,猪肉 460kg,鸡蛋 60kg,南瓜 2000kg,冬瓜 3000kg,茄子 2000kg,食盐 200kg,酱油 50kg,植物油 75kg。

【实践内容】

1. *膳食调查的意义*　膳食调查是了解在一定时间内调查对象通过膳食所摄取的能量和各种营养素的数量和质量,借此来评定正常营养需要能得到满足的程度,发现存在的营养问题。膳食调查结果可以作为对所调查单位或人群进行营养咨询、提供合理营养指导的依据。

2. *膳食调查方法与步骤*　用记账法调查同一类人群的膳食,该人群对热能和营养素的需要量相同。一般调查 5~7 天的膳食。

(1)记录调查期间共消耗的食物数量:在调查之前,将库存各种食物进行称重。调查开始后,记录每天购买各种食物的数量,直到调查结束。最后,将每种食物原库存量加上逐日购买量,再减去调查结束时的库存量,就得到调查期间共消耗的各种食物的数量。

(2)计算每人每天平均摄取食物的数量:将调查期间共消耗的食物数量除以调查期间进膳总人数和调查天数,即可得到平均每人每天摄取的食物数量。

(3)计算平均每人每天摄入各种营养素量:根据“食物成分表”(见附录 B),计算每种食物可食部分重量,再算出其中能量和各种营养素的含量,将各种食物中摄取的各类营养素分别相加,即得各类营养素合计摄入量。

(4)用各类营养素合计摄入量与推荐摄入量(见附录 B)分别对比,对被调查人群的膳食进行初步评价。

3. *膳食调查实例的计算步骤*

(1)计算每人每天平均消耗的各类生食的数量

以粳米和毛豆为例,计算如下:

粳米:$3000 \times 1000 \div 2400 \div 5 = 250$(g)

毛豆:$1400 \times 1000 \div 2400 \div 5 = 116.67$(g)

(2)按可食率折算出平均每人每天食用的各类食品的净重

粳米:可食率为100%,故可食部分重量为250×100%=250(g)

毛豆:可食率为53%,故可食部分重量为116.67×53%=61.8(g)

(3)按"食物成分表"计算各类食物所含热能和营养素量

查"食物成分表"得100g粳米含蛋白质7.7g,故250g粳米含蛋白质为7.7×250÷100=19.25(g)。同理,可算出250g粳米中的脂肪、糖类等其他营养素的含量。查"食物成分表"得100g毛豆含蛋白质13.1g,故61.8g毛豆含蛋白质为13.1×61.8÷100=8.1(g)。同理,可算出61.8g毛豆中的脂肪、糖类等其他营养素的含量。其余食物的各类营养素含量的计算方法相同。

4. 膳食调查实例的计算结果及评价

(1)将计算结果填入实践表1-1~实践表1-3。

(2)将计算结果与供给量标准比较,并结合平衡膳食的具体要求进行评价,提出改进意见。

评价时需注意,由于参考摄入量一般要高于需要量,故通常认为,能量摄取量在推荐摄入量的90%以上可认为满足,在推荐摄入量的80%~90%为临界性不足,低于80%可认为摄入不足。其他营养素的摄取若在推荐摄入量的80%以上为基本满足,在60%~80%为缺乏,低于60%为严重缺乏。

**实践表1-1　一日营养素摄入量与推荐摄入量比较**

| 食物名称 | 日人均食品重量(g) | 可食部分重量(g) | 蛋白质(g) | 脂肪(g) | 糖类(g) | 能量(kJ) | 钙(mg) | 铁(mg) | 维生素A(μg RE) | 维生素$B_1$(mg) | 维生素$B_2$(mg) | 维生素C(mg) |
|---|---|---|---|---|---|---|---|---|---|---|---|---|
| 粳米 | | | | | | | | | | | | |
| 毛豆 | | | | | | | | | | | | |
| 猪肉 | | | | | | | | | | | | |
| 鸡蛋 | | | | | | | | | | | | |
| 南瓜 | | | | | | | | | | | | |
| 冬瓜 | | | | | | | | | | | | |
| 茄子 | | | | | | | | | | | | |
| 小白菜 | | | | | | | | | | | | |
| 合计摄入量 | | | | | | | | | | | | |
| 推荐摄入量 | | | | | | | | | | | | |
| 比较(%) | | | | | | | | | | | | |

实践表 1-2 每人每天三大产能营养素供能分析

| 营养素类别 | 摄入量(g) | 能量(kJ) | 占总能量(%) |
|---|---|---|---|
| 蛋白质 | | | |
| 脂肪 | | | |
| 糖类 | | | |
| 合计 | | | |

实践表 1-3 蛋白质来源分析

| 食物类别 | 重量(g) | 来源(%) |
|---|---|---|
| 谷类 | | |
| 豆类 | | |
| 动物类 | | |
| 其他 | | |

实例中,粳米、毛豆两种食物营养成分计算,参照“附录 B 常用食物一般营养成分表”。

(王春梅)

## 实践二 糖尿病病人食谱编制

【实践目的】

根据所学营养学知识及糖尿病病人饮食特点和营养治疗原则,通过为糖尿病病人制定一日食谱,掌握糖尿病病人膳食的编制原则、方法。

【实践学时】 2 学时

【实践案例】

刘师傅,男,48 岁,身高 165cm,体重 73kg,出租车司机。空腹血糖 7. 4mmol/L,餐后血糖 11. 5mmol/L。在医院确诊为 2 型糖尿病,血脂正常,无糖尿病并发症。近期食欲亢进,每日主食达 600g,口味重,嗜烟酒。

试为刘师傅编制一日食谱。

【实践内容】

1. 根据糖尿病病人的身高、体重、劳动强度等计算出病人每日总能量的需要量。

2. 根据糖尿病病人的每日总能量的需要量订出相应的食品交换份数。

3. 根据早、中、晚三餐的餐次分配比例(早餐比例为 1/5、午餐比例为 2/5、晚餐比例为 2/5)分配早、中、晚三餐的食物份数。

4. 根据食物成分交换表将不同的食物份数换成相应的食物。在保证糖类、蛋白质、脂肪三大营养素质量的基础上,考虑病人饮食习惯、经济条件等因素搭配食物。

5. 列出编制的食谱,并对其进行评价和修改。

(李淑玲)

# 参考文献


蔡威 . 2012. 临床营养学 . 上海:复旦大学出版社 .

陈锦治 . 2012. 营养与膳食指导 . 西安:第四军医大学出版社 .

葛均波,2013. 徐永健 . 内科学 . 8 版 . 北京:人民卫生出版社 .

李胜利 . 2004. 营养与膳食 . 北京:人民卫生出版社 .

凌文华 . 2010. 营养与食品卫生学 . 北京:人民卫生出版社 .

刘锜 . 2008. 营养与膳食指导 . 2 版 . 北京:人民卫生出版社 .

马爱勤 . 2009. 叶酸营养与孕期保健 . 国外医学卫生学分册,36(6):390-391.

史琳娜 . 2013. 临床营养学 . 2 版 . 北京:人民卫生出版社 .

田玉慧 . 2012. 临床营养学 . 西安:世界图书出版社 .

吴翠珍,张先庚 . 2012. 营养与食疗学 . 9 版 . 北京:中国中医药出版社 .

闫肖卿 . 2011. 营养与膳食 . 2 版 . 北京:高等教育出版社 .

杨丽秋 . 2011. 老年性骨质疏松症的饮食及营养治疗探讨 . 中国现代药物应用,5(24):123.

杨月欣 . 2012. 2014 年公共营养师二级培训教材 . 北京:中国劳动社会保障出版社 .

袁泉 . 2010. 营养与膳食指导 . 北京:人民军医出版社 .

张爱珍 . 2006. 临床营养学 . 2 版 . 北京:人民卫生出版社 .

张爱珍 . 2012. 临床营养学 . 3 版 . 北京:人民卫生出版社 .

中国营养学会 . 2016. 中国居民膳食指南 2016. 北京:人民卫生出版社 .

# 附录 A　中国居民膳食营养素参考摄入量

能量和蛋白质的 RNIs 及脂肪供能比,见附表 A-1。

**附表 A-1　能量和蛋白质的 RNIs 及脂肪供能比**

| 年龄(岁) | 能量# | | | | 蛋白质 | | 脂肪占能量比例(%) |
|---|---|---|---|---|---|---|---|
| | RNI/MJ | | RNI/kcal | | RNI/g | | |
| | 男 | 女 | 男 | 女 | 男 | 女 | |
| 0~ | 0.4MJ/kg | | 95kcal/kg* | | 1.5~3g/(kg·d) | | 45~50 |
| 0.5~ | | | | | | | 35~40 |
| 1~ | 4.60 | 4.40 | 1100 | 1050 | 35 | 35 | |
| 2~ | 5.02 | 4.81 | 1200 | 1150 | 40 | 40 | 30~35 |
| 3~ | 5.64 | 5.43 | 1350 | 1300 | 45 | 45 | |
| 4~ | 6.06 | 5.83 | 1450 | 1400 | 50 | 50 | |
| 5~ | 6.70 | 6.27 | 1600 | 1500 | 55 | 55 | |
| 6~ | 7.10 | 6.67 | 1700 | 1600 | 55 | 55 | |
| 7~ | 7.53 | 7.10 | 1800 | 1700 | 60 | 60 | 25~30 |
| 8~ | 7.94 | 7.53 | 1900 | 1800 | 65 | 65 | |
| 9~ | 8.36 | 7.94 | 2000 | 1900 | 65 | 65 | |
| 10~ | 9.80 | 8.36 | 2100 | 2000 | 70 | 65 | |
| 11~ | 10.04 | 9.20 | 2400 | 2200 | 75 | 75 | |
| 14~ | 12.00 | 9.62 | 2900 | 2400 | 85 | 80 | 25~30 |
| 18~ | | | | | | | 20~30 |
| 体力活动 PAL^ | | | | | | | |
| 轻 | 10.03 | 8.80 | 2400 | 2100 | 75 | 65 | |
| 中 | 11.29 | 9.62 | 2700 | 2300 | 80 | 70 | |
| 重 | 13.38 | 11.30 | 3200 | 2700 | 90 | 80 | |
| 孕妇 | | +0.84 | | +200 | | +5,+15,+20** | |
| 乳母 | | +2.09 | | +500 | | +20 | |
| 50~ | | | | | | | 20~30 |
| 体力活动 PAL^ | | | | | | | |
| 轻 | 9.62 | 8.00 | 2300 | 1900 | | | |
| 中 | 10.87 | 8.36 | 2600 | 2000 | | | |
| 重 | 13.00 | 9.20 | 3100 | 2200 | | | |
| 60~ | | | | | 75 | 65 | 20~30 |
| 体力活动 PAL^ | | | | | | | |
| 轻 | 7.94 | 7.53 | 1900 | 1800 | | | |
| 中 | 9.20 | 8.36 | 2200 | 2000 | | | |
| 70~ | | | | | 75 | 65 | 20~30 |
| 体力活动 PAL^ | | | | | | | |
| 轻 | 7.94 | 7.10 | 1900 | 1700 | | | |
| 中 | 8.80 | 8.00 | 2100 | 1900 | | | |
| 80~ | 7.74 | 7.10 | 1900 | 1700 | 75 | 65 | 20~30 |

# 各年龄组能量的 RNI 值与其 EAR 值相同。* 为 AI 值,非母乳喂养应增加 20%。PAL^ 为体力活动水平。凡表中数字缺如之处表示未制定该参考值。** 为孕期 3 个阶段。

常量和微量元素的 RNIs 或 AIs,见附表 A-2。

**附表 A-2　常量和微量元素的 RNIs 或 AIs**

| 年龄（岁） | 钙 Ca AI（mg） | 磷 P AI（mg） | 钾 K AI（mg） | 钠 Na AI（mg） | 镁 Mg AI（mg） | 铁 F AI（mg） | 碘 I RNI（μg） | 锌 Zn RNI（mg） | 硒 Se RNI（μg） | 铜 Cu AI（mg） | 氟 F AI（mg） | 铬 Cr AI（μg） | 锰 Mn AI（mg） | 钼 Mo AI（μg） |
|---|---|---|---|---|---|---|---|---|---|---|---|---|---|---|
| 0~ | 300 | 150 | 500 | 200 | 30 | 0.3 | 50 | 1.5 | 15(AI) | 0.4 | 0.1 | 10 | | |
| 0.5~ | 400 | 300 | 700 | 500 | 70 | 10 | 50 | 8.0 | 20(AI) | 0.6 | 0.4 | 15 | | |
| 1~ | 600 | 450 | 1000 | 650 | 100 | 12 | 50 | 9.0 | 20 | 0.8 | 0.6 | 20 | | 15 |
| 4~ | 800 | 500 | 1500 | 900 | 150 | 12 | 90 | 12.0 | 25 | 1.0 | 0.8 | 30 | | 20 |
| 7~ | 800 | 700 | 1500 | 1000 | 250 | 12 | 90 | 13.5 | 35 | 1.2 | 1.0 | 30 | | 30 |
| | | | | | | 男　女 | | 男　女 | | | | | | |
| 11~ | 1000 | 1000 | 1500 | 1200 | 350 | 16　18 | 120 | 18.0　15.0 | 45 | 1.8 | 1.2 | 40 | | 50 |
| 14~ | 1000 | 1000 | 2000 | 1800 | 350 | 20　25 | 150 | 19.0　15.5 | 50 | 2.0 | 1.4 | 40 | | 50 |
| 18~ | 800 | 700 | 2000 | 2200 | 350 | 15　20 | 150 | 15.0　11.5 | 50 | 2.0 | 1.5 | 50 | 3.5 | 60 |
| 50~ | 1000 | 700 | 2000 | 2200 | 350 | 15 | 150 | 11.5 | 50 | 2.0 | 1.5 | 50 | 3.5 | 60 |
| **孕妇** | | | | | | | | | | | | | | |
| 早期 | 800 | 700 | 2500 | 2200 | 400 | 15 | 200 | 11.5 | 50 | | | | | |
| 中期 | 1000 | 700 | 2500 | 2200 | 400 | 25 | 200 | 16.5 | 50 | | | | | |
| 晚期 | 1200 | 700 | 2500 | 2200 | 400 | 35 | 200 | 16.5 | 50 | | | | | |
| 乳母 | 1200 | 700 | 2500 | 2200 | 400 | 25 | 200 | 21.5 | 65 | | | | | |

注:凡表中数字缺如之处表示未制定该参考值。

某些微量营养素的 UIs,见附表 A-3。

**附表 A-3　某些微量营养素的 UIs**

| 年龄（岁） | 钙（mg） | 磷（mg） | 镁（mg） | 铁（mg） | 碘（μg） | 锌（mg） | 硒（μg） | 铜（mg） | 氟（mg） | 铬（μg） | 锰（mg） | 钼（μg） | 维生素 A（μgRE） | 维生素 D（μg） | 维生素 $B_1$（mg） | 维生素 C（mg） | 叶酸（μgDFE） | 烟酸（mgNE） | 胆碱（mg） |
|---|---|---|---|---|---|---|---|---|---|---|---|---|---|---|---|---|---|---|---|
| 0~ | | | | 10 | | | 55 | | 0.4 | | | | | | | 400 | | | 600 |
| 0.5~ | | | | 30 | | 13 | 80 | | 0.8 | | | | | | | 500 | | | 800 |
| 1~ | 2000 | 3000 | 200 | 30 | | 23 | 120 | 1.5 | 1.2 | 200 | | 80 | | | 50 | 600 | 300 | 10 | 1000 |
| 4~ | 2000 | 3000 | 300 | 30 | | 23 | 180 | 2.0 | 1.6 | 300 | | 110 | 2000 | 20 | 50 | 700 | 400 | 15 | 1500 |
| 7~ | 2000 | 3000 | 500 | 30 | 800 | 28 | 240 | 3.5 | 2.0 | 300 | | 160 | 2000 | 20 | 50 | 800 | 400 | 20 | 2000 |
| | | | | | | 男 女 | | | | | | | | | | | | | |
| 11~ | 2000 | 3500 | 700 | 50 | 800 | 37 34 | 300 | 5.0 | 2.4 | 400 | | 280 | 2000 | 20 | 50 | 900 | 600 | 30 | 2500 |
| 14~ | 2000 | 3500 | 700 | 50 | 800 | 42 35 | 360 | 7.0 | 2.8 | 400 | | 280 | 2000 | 20 | 50 | 1000 | 800 | 30 | 3000 |
| 18~ | 2000 | 3500 | 700 | 50 | 1000 | 45 37 | 400 | 8.0 | 3.0 | 500 | 10 | 350 | 3000 | 20 | 50 | 1000 | 1000 | 35 | 3500 |
| 50~ | 2000 | 3500 | 700 | 50 | 1000 | 37 37 | 400 | 8.0 | 3.0 | 500 | 10 | 350 | 3000 | 20 | 50 | 1000 | 1000 | 35 | 3500 |
| 孕妇 | 2000 | 3000 | 700 | 60 | 1000 | 35 | 400 | | | | | | 2400 | 20 | | 1000 | 1000 | | 3500 |
| 乳母 | 2000 | 3500 | 700 | 50 | 1000 | 35 | 400 | | | | | | | 20 | | 1000 | 1000 | | 3500 |

注：* NE. 烟酸当量。DFE. 膳食叶酸当量。60 岁以上磷的 UL 为 3000mg。凡表中数字缺如之处表示未制定该参考值。

脂溶性和水溶性维生素的 RNIs 或 AIs，见附表 A-4。

**附表 A-4　脂溶性和水溶性维生素的 RNIs 或 AIs**

| 年龄<br>（岁） | 维生素 A<br>RNI<br>（μgRE） | 维生素 D<br>RNI<br>（μg） | 维生素 E<br>AI<br>（mg α-TE） | 维生素 $B_1$<br>RNI<br>（mg） | 维生素 $B_2$<br>RNI<br>（mg） | 维生素 $B_6$<br>AI<br>（mg） | 维生素 $B_{12}$<br>AI<br>（mg） | 维生素 C<br>RNI<br>（mg） | 泛酸<br>AI<br>（mg） | 叶酸<br>RNI<br>（mgDFE） | 烟酸<br>RNI<br>（mgNE） | 胆碱<br>AI<br>（mg） | 生物素<br>AI<br>（mg） |
|---|---|---|---|---|---|---|---|---|---|---|---|---|---|
| 0～ | 400（AI） | 10 | 3 | 0.2（AI） | 0.4（AI） | 0.1 | 0.4 | 40 | 1.7 | 65（AI） | 2（AI） | 100 | 5 |
| 0.5～ | 400（AI） | 10 | 3 | 0.3（AI） | 0.5（AI） | 0.3 | 0.5 | 50 | 1.8 | 80（AI） | 3（AI） | 150 | 6 |
| 1～ | 500 | 10 | 4 | 0.6 | 0.6 | 0.5 | 0.9 | 60 | 2.0 | 150 | 6 | 200 | 8 |
| 4～ | 600 | 10 | 5 | 0.7 | 0.7 | 0.6 | 1.2 | 70 | 3.0 | 200 | 7 | 250 | 12 |
| 7～ | 700 | 10 | 7 | 0.9 | 1.0 | 0.7 | 1.2 | 80 | 4.0 | 200 | 9 | 300 | 16 |
| 11～ | 700 | 5 | 10 | 1.2 | 1.2 | 0.9 | 1.8 | 90 | 5.0 | 300 | 12 | 350 | 20 |
| | 男　女 | | | 男　女 | 男　女 | | | | | | 男　女 | | |
| 14～ | 800　700 | 5 | 14 | 1.5　1.2 | 1.5　1.2 | 1.1 | 2.4 | 100 | 5.0 | 400 | 15　12 | 450 | 25 |
| 18～ | 800　700 | 5 | 14 | 1.4　1.3 | 1.4　1.2 | 1.2 | 2.4 | 100 | 5.0 | 400 | 14　13 | 450 | 30 |
| 50～ | 800　700 | 10 | 14 | 1.3 | 1.4 | 1.5 | 2.4 | 100 | 5.0 | 400 | 13 | 450 | 30 |
| **孕妇** | | | | | 1.7 | | | | | | | | |
| 早期 | 800 | 5 | 14 | 1.5 | 1.7 | 1.9 | 2.6 | 100 | 6.0 | 600 | 15 | 500 | 30 |
| 中期 | 900 | 10 | 14 | 1.5 | 1.7 | 1.9 | 2.6 | 130 | 6.0 | 600 | 15 | 500 | 30 |
| 晚期 | 900 | 10 | 14 | 1.5 | 1.7 | 1.9 | 2.6 | 130 | 6.0 | 600 | 15 | 500 | 30 |
| 乳母 | 1200 | 10 | 14 | 1.8 | 1.7 | 1.9 | 2.8 | 130 | 7.0 | 500 | 18 | 500 | 35 |

注：* α-TE=α-生育酚当量。凡表中数字缺如之处表示未制定该参考值。

# 附录 B　常用食物一般营养成分表

（食部每 100g 含量）

| 食物类别 | 食物名称 | 食部 | 能量 | | 水分 | 蛋白质 | 脂肪 | 膳食纤维 | 糖类 | 视黄醇当量 | 硫胺素 | 核黄素 | 抗坏血酸 | 钙 | 铁 | 锌 |
|---|---|---|---|---|---|---|---|---|---|---|---|---|---|---|---|---|
| | | g | kJ | kcal | g | g | g | g | g | μg | mg | mg | mg | mg | mg | mg |
| 谷类、薯类及其制品 | 粳米（标一） | 100 | 1435 | 343 | 13.7 | 7.7 | 0.6 | 0.6 | 76.8 | – | 0.16 | 0.08 | – | 11 | 1.1 | 1.45 |
| | 米饭（蒸） | 100 | 490 | 117 | 70.6 | 2.6 | 0.3 | 0.2 | 26 | – | – | 0.03 | – | 7 | 2.2 | 1.36 |
| | 米粉（干，细） | 100 | 1448 | 346 | 12.3 | 8 | 0.1 | 0.1 | 78.2 | – | 0.03 | – | – | – | 1.4 | 2.27 |
| | 籼米（标准） | 100 | 1452 | 347 | 12.6 | 7.9 | 0.6 | 0.8 | 77.5 | – | 0.09 | 0.04 | – | 12 | 1.6 | 1.47 |
| | 糯米（粳） | 100 | 1435 | 343 | 13.8 | 7.9 | 0.8 | 0.7 | 76 | – | 0.2 | 0.05 | – | 21 | 1.9 | 1.77 |
| | 荞麦 | 100 | 1356 | 324 | 13 | 9.3 | 2.3 | 6.5 | 66.5 | 3 | 0.28 | 0.16 | – | 47 | 6.2 | 3.62 |
| | 方便面 | 100 | 1975 | 472 | 3.6 | 9.5 | 21.1 | 0.7 | 60.9 | – | 0.12 | 0.06 | – | 25 | 4.1 | 1.06 |
| | 富强粉 | 100 | 1488 | 355 | 11.6 | 10.3 | 1.2 | 0.3 | 75.9 | 0 | 0.39 | 0.08 | 0 | 5 | 2.8 | 1.58 |
| | 小麦粉（标准粉） | 100 | 1439 | 344 | 12.7 | 11.2 | 1.5 | 2.1 | 71.5 | – | 0.28 | 0.08 | – | 31 | 3.5 | 1.64 |
| | 挂面（标准粉） | 100 | 1439 | 334 | 12.4 | 10.1 | 0.7 | 1.6 | 74.4 | – | 0.19 | 0.04 | – | 14 | 3.5 | 1.22 |
| | 烙饼（标准粉） | 100 | 1067 | 225 | 36.4 | 7.5 | 2.3 | 1.9 | 51 | – | 0.02 | 0.04 | – | 20 | 2.4 | 0.94 |
| | 馒头（蒸，富强粉） | 100 | 870 | 208 | 47.3 | 6.2 | 1.2 | 1 | 43.2 | – | 0.02 | 0.02 | – | 58 | 1.7 | 0.4 |
| | 油条 | 100 | 1615 | 386 | 21.8 | 6.9 | 17.6 | 0.9 | 50.1 | – | 0.01 | 0.07 | – | 6 | 1 | 0.75 |
| | 小米粥 | 100 | 192 | 46 | 89.3 | 1.4 | 0.7 | – | 8.4 | – | 0.02 | 0.07 | – | 10 | 1 | 0.41 |
| | 燕麦片 | 100 | 1536 | 367 | 9.2 | 15 | 6.7 | 5.3 | 61.6 | – | 0.3 | 0.13 | – | 186 | 7 | 2.59 |
| | 玉米糁（黄） | 100 | 1452 | 347 | 12.8 | 7.9 | 3 | 3.6 | 72 | – | 0.1 | 0.08 | – | 49 | 2.4 | 1.16 |
| | 甘薯（白心） | 86 | 435 | 104 | 72.6 | 1.4 | 0.2 | 1 | 24.2 | 37 | 0.07 | 0.04 | 24 | 24 | 0.8 | 0.22 |
| | 甘薯（红心） | 90 | 414 | 99 | 73.4 | 1.1 | 0.2 | 1.6 | 23.1 | 125 | 0.04 | 0.04 | 26 | 23 | 0.5 | 0.15 |

续表

| 食物类别 | 食物名称 | 食部 | 能量 | | 水分 | 蛋白质 | 脂肪 | 膳食纤维 | 糖类 | 视黄醇当量 | 硫胺素 | 核黄素 | 抗坏血酸 | 钙 | 铁 | 锌 |
|---|---|---|---|---|---|---|---|---|---|---|---|---|---|---|---|---|
| | | g | kJ | kcal | g | g | g | g | g | μg | mg | mg | mg | mg | mg | mg |
| 豆类及其制品 | 豆腐 | 100 | 339 | 81 | 82.8 | 8.1 | 3.7 | 0.4 | 3.8 | – | 0.04 | 0.03 | – | 164 | 1.9 | 1.11 |
| | 豆腐(南) | 100 | 238 | 57 | 87.9 | 6.2 | 2.5 | 0.2 | 2.4 | – | 0.02 | 0.04 | – | 116 | 1.5 | 0.59 |
| | 腐竹 | 100 | 1929 | 459 | 7.9 | 44.6 | 21.7 | 1 | 21.3 | – | 0.13 | 0.07 | – | 77 | 16.5 | 3.69 |
| | 腐乳(红) | 100 | 632 | 151 | 61.2 | 12 | 8.1 | 0.6 | 7.6 | 15 | 0.02 | 0.21 | | 87 | 11.5 | 1.67 |
| | 千张 | 100 | 1088 | 260 | 52 | 245.5 | 16 | 1 | 4.5 | 5 | 0.04 | 0.05 | – | 313 | 6.4 | 2.52 |
| | 香干 | 100 | 615 | 147 | 69.2 | 15.8 | 7.8 | 0.8 | 3.3 | 7 | 0.04 | 0.03 | – | 299 | 5.7 | 1.59 |
| | 豆浆 | 100 | 54 | 13 | 96.4 | 1.8 | 0.7 | 1.1 | 0 | 15 | 0.02 | 0.02 | – | 10 | 0.5 | 0.24 |
| | 黄豆 | 100 | 1502 | 359 | 10.2 | 35.1 | 16 | 15.5 | 18.6 | 37 | 0.41 | 0.2 | – | 191 | 8.2 | 3.34 |
| | 绿豆 | 100 | 1322 | 316 | 12.3 | 21.6 | 0.8 | 6.4 | 55.6 | 22 | 0.25 | 0.11 | – | 81 | 6.5 | 2.18 |
| | 豌豆 | 100 | 1310 | 313 | 10.4 | 20.3 | 1.1 | 10.4 | 55.4 | 42 | 0.49 | 0.14 | – | 97 | 4.9 | 2.35 |
| | 蚕豆 | 31 | 435 | 104 | 70.2 | 8.8 | 0.4 | 3.1 | 16.4 | 52 | 0.37 | 0.1 | 16 | 16 | 3.5 | 1.37 |
| | 黄豆芽 | 100 | 184 | 44 | 88.8 | 4.5 | 1.6 | 1.5 | 3 | 5 | 0.04 | 0.07 | 8 | 21 | 0.9 | 0.54 |
| | 毛豆 | 53 | 515 | 123 | 69.6 | 13.1 | 5 | 4 | 6.5 | 22 | 0.15 | 0.07 | 27 | 135 | 3.5 | 1.73 |
| | 豇豆 | 97 | 121 | 29 | 90.3 | 2.9 | 0.3 | 2.3 | 3.6 | 42 | 0.07 | 0.09 | 19 | 27 | 0.5 | 0.54 |
| | 绿豆芽 | 100 | 75 | 18 | 94.6 | 2.1 | 0.1 | 0.8 | 2.1 | 3 | 0.05 | 0.06 | 6 | 9 | 0.6 | 0.35 |
| 根、茎、叶、苔、花、瓜、茄类蔬菜 | 豆角 | 96 | 126 | 30 | 90 | 2.5 | 0.2 | 2.1 | 4.6 | 33 | 0.05 | 0.07 | 18 | 29 | 1.5 | 0.54 |
| | 胡萝卜(橙) | 96 | 155 | 37 | 89.2 | 1 | 0.2 | 1.1 | 7.7 | 688 | 0.04 | 0.03 | 13 | 32 | 1 | 0.23 |
| | 茭笋 | 77 | 106 | 25 | 91.1 | 1.7 | 0.2 | 2 | 4.2 | – | 0.05 | 4 | 12 | 2 | 0.5 | 0.29 |
| | 芥菜头 | 83 | 138 | 33 | 89.6 | 1.9 | 0.2 | 1.4 | 6 | – | 0.06 | 0.02 | 34 | 65 | 0.8 | 0.39 |
| | 白萝卜 | 95 | 84 | 20 | 93.4 | 0.9 | 0.1 | 1 | 4 | 3 | 0.02 | 0.03 | 21 | 36 | 0.5 | 0.3 |
| | 土豆 | 94 | 318 | 76 | 79.8 | 2 | 0.2 | 0.7 | 16.5 | 5 | 0.08 | 0.04 | 27 | 8 | 0.8 | 0.37 |
| | 藕 | 88 | 293 | 70 | 80.5 | 1.9 | 0.2 | 1.2 | 15.2 | 3 | 0.09 | 0.03 | 44 | 39 | 1.4 | 0.23 |
| | 山药 | 83 | 234 | 56 | 84.8 | 1.9 | 0.2 | 0.8 | 11.6 | 7 | 0.05 | 0.02 | 5 | 16 | 0.3 | 0.27 |
| | 芋头 | 84 | 331 | 79 | 78.6 | 2.2 | 0.2 | 1 | 17.1 | 27 | 0.06 | 0.05 | 6 | 36 | 1 | 0.49 |
| | 菠菜(赤根菜) | 89 | 100 | 24 | 91.2 | 2.6 | 0.3 | 1.7 | 2.8 | 487 | 0.2 | 0.18 | 82 | 411 | 25.9 | 3.91 |
| | 菜花 | 82 | 100 | 24 | 92.4 | 2.1 | 0.2 | 1.2 | 3.4 | 5 | 0.03 | 0.08 | 61 | 23 | 1.1 | 0.38 |

续表

| 食物类别 | 食物名称 | 食部 | 能量 | | 水分 | 蛋白质 | 脂肪 | 膳食纤维 | 糖类 | 视黄醇当量 | 硫胺素 | 核黄素 | 抗坏血酸 | 钙 | 铁 | 锌 |
|---|---|---|---|---|---|---|---|---|---|---|---|---|---|---|---|---|
| | | g | kJ | kcal | g | g | g | g | g | μg | mg | mg | mg | mg | mg | mg |
| 根、茎、叶、苔、花、瓜、茄类蔬菜 | 大白菜（青白口） | 83 | 63 | 15 | 95. 1 | 1. 4 | 0. 1 | 0. 9 | 2. 1 | 13 | 0. 03 | 0. 04 | 28 | 35 | 0. 6 | 0. 61 |
| | 小白菜 | 81 | 63 | 15 | 94. 5 | 1. 5 | 0. 3 | 1. 1 | 1. 6 | 280 | 0. 02 | 0. 09 | 28 | 90 | 1. 9 | 0. 51 |
| | 大葱 | 82 | 126 | 30 | 91 | 1. 7 | 0. 3 | 1. 3 | 5. 2 | 10 | 0. 01 | 0. 12 | 8 | 24 | – | 0. 13 |
| | 大蒜 | 85 | 527 | 126 | 66. 6 | 4. 5 | 0. 2 | 1. 1 | 26. 5 | 5 | 0. 04 | 0. 06 | 7 | 39 | 1. 2 | 0. 88 |
| | 蒜苗 | 82 | 155 | 37 | 88. 9 | 2. 1 | 0. 4 | 1. 8 | 6. 2 | 47 | 0. 11 | 0. 08 | 35 | 29 | 1. 4 | 0. 46 |
| | 茭白 | 74 | 96 | 23 | 92. 2 | 1. 2 | 0. 2 | 1. 9 | 4 | 5 | | | | | | |
| | 韭菜 | 90 | 109 | 26 | 91. 8 | 2. 4 | 0. 4 | 1. 4 | 3. 2 | 235 | 0. 02 | 24 | 42 | 1. 6 | 0. 43 | |
| | 萝卜缨(小红) | 93 | 84 | 20 | 92. 8 | 1. 6 | 0. 3 | 1. 4 | 2. 7 | 118 | 0. 02 | – | 77 | – | – | – |
| | 芹菜茎 | 67 | 84 | 20 | 93. 1 | 1. 2 | 0. 2 | 1. 2 | 3. 3 | 57 | 0. 02 | 0. 06 | 8 | 80 | 1. 2 | 0. 24 |
| | 花叶生菜 | 94 | 54 | 13 | 95. 8 | 1. 3 | 0. 3 | 0. 7 | 1. 3 | 298 | 0. 03 | 0. 06 | 13 | 34 | 0. 9 | 0. 27 |
| | 茼蒿 | 82 | 88 | 21 | 93 | 1. 9 | 0. 3 | 1. 2 | 2. 7 | 252 | 0. 04 | 0. 09 | 18 | 73 | 2. 5 | 0. 35 |
| | 蕹菜 | 76 | 84 | 20 | 92. 9 | 2. 2 | 0. 3 | 1. 4 | 2. 2 | 253 | | | | | | |
| | 莴苣笋 | 62 | 59 | 14 | 95. 5 | 1 | 0. 1 | 0. 6 | 2. 2 | 25 | 0. 02 | 0. 02 | 4 | 23 | 0. 9 | 0. 33 |
| | 西兰花 | 83 | 138 | 33 | 90. 3 | 4. 1 | 0. 6 | 1. 6 | 2. 7 | 1202 | 0. 09 | 0. 13 | 51 | 67 | 1 | 0. 78 |
| | 苋菜(青) | 74 | 105 | 25 | 90. 2 | 2. 8 | 0. 3 | 2. 2 | 2. 8 | 352 | 0. 03 | 0. 12 | 47 | 187 | 5. 4 | 0. 8 |
| | 油菜 | 87 | 96 | 23 | 92. 9 | 1. 8 | 0. 5 | 1. 1 | 2. 7 | 103 | 0. 08 | 0. 07 | 65 | 156 | 2. 8 | 0. 72 |
| | 圆白菜 | 86 | 92 | 22 | 93. 2 | 1. 5 | 0. 2 | 1 | 3. 6 | 12 | 0. 03 | 0. 03 | 40 | 49 | 0. 6 | 0. 25 |
| | 芫荽 | 81 | 130 | 31 | 90. 5 | 1. 8 | 0. 4 | 1. 2 | 5 | 193 | 0. 04 | 0. 14 | 48 | 101 | 2. 9 | 0. 45 |
| | 冬瓜 | 80 | 46 | 11 | 96. 6 | 0. 4 | 0. 2 | 0. 7 | 1. 9 | 13 | 0. 01 | 0. 01 | 18 | 19 | 0. 2 | 0. 07 |
| | 黄瓜 | 92 | 63 | 15 | 95. 8 | 0. 8 | 0. 2 | 0. 5 | 2. 4 | 15 | 0. 02 | 0. 03 | 9 | 24 | 0. 5 | 0. 18 |
| | 苦瓜 | 81 | 79 | 19 | 93. 4 | 1 | 0. 1 | 1. 4 | 3. 5 | 17 | 0. 03 | 0. 03 | 56 | 14 | 0. 7 | 0. 36 |
| | 南瓜 | 85 | 92 | 22 | 93. 5 | 0. 7 | 0. 1 | 0. 8 | 4. 5 | 148 | 0. 03 | 0. 04 | 8 | 16 | 0. 4 | 0. 14 |
| | 丝瓜 | 83 | 84 | 20 | 94. 3 | 1 | 0. 2 | 0. 6 | 3. 6 | 15 | 0. 02 | 0. 04 | 5 | 14 | 0. 4 | 0. 21 |
| | 西葫芦 | 73 | 75 | 18 | 94. 9 | 0. 8 | 0. 2 | 0. 6 | 3. 2 | 5 | 0. 01 | 0. 03 | 6 | 15 | 0. 3 | 0. 12 |
| | 辣椒(尖,青) | 84 | 96 | 23 | 91. 9 | 1. 4 | 0. 3 | 2. 1 | 3. 7 | 57 | 0. 03 | 0. 04 | 62 | 15 | 0. 7 | 0. 22 |
| | 茄子 | 93 | 88 | 21 | 93. 4 | 1. 1 | 0. 2 | 1. 3 | 3. 6 | 8 | 0. 02 | 0. 04 | 5 | 24 | 0. 5 | 0. 23 |

续表

| 食物类别 | 食物名称 | 食部 | 能量 | | 水分 | 蛋白质 | 脂肪 | 膳食纤维 | 糖类 | 视黄醇当量 | 硫胺素 | 核黄素 | 抗坏血酸 | 钙 | 铁 | 锌 |
|---|---|---|---|---|---|---|---|---|---|---|---|---|---|---|---|---|
| | | g | kJ | kcal | g | g | g | g | g | μg | mg | mg | mg | mg | mg | mg |
| 花、根、瓜、茎、茄类、叶、苔、蔬菜 | 番茄 | 97 | 79 | 19 | 94. 4 | 0. 9 | 0. 2 | 0. 5 | 3. 5 | 92 | 0. 03 | 0. 03 | 19 | 10 | 0. 4 | 0. 13 |
| | 榨菜 | 100 | 121 | 29 | 75 | 2. 2 | 0. 3 | 2. 1 | 4. 4 | 83 | 0. 03 | 0. 06 | 2 | 155 | 3. 9 | 0. 63 |
| | 酱萝卜 | 100 | 126 | 30 | 76. 1 | 3. 5 | 0. 4 | 1. 3 | 3. 2 | – | 0. 05 | 0. 09 | – | 102 | 3. 8 | 0. 61 |
| | 灯笼椒 | 82 | 92 | 22 | 93 | 1 | 0. 2 | 1. 4 | 4 | 57 | 0. 03 | 0. 03 | 72 | 14 | 0. 8 | 0. 19 |
| | 酱莴笋 | 100 | 96 | 23 | 83 | 2. 3 | 0. 2 | 1 | 3. 1 | – | 0. 06 | 0. 05 | – | 28 | 3. 1 | 0. 42 |
| 菌藻类 | 海带(干) | 98 | 322 | 77 | 70. 5 | 1. 8 | 0. 1 | 6. 1 | 17. 3 | – | 0. 01 | 0. 1 | – | 327 | 4. 7 | 0. 65 |
| | 木耳 | 100 | 858 | 205 | 15. 5 | 12. 1 | 1. 5 | 29. 2 | 35. 7 | 17 | 0. 17 | 0. 44 | – | 247 | 97. 4 | 3. 18 |
| | 平菇 | 93 | 84 | 20 | 92. 5 | 1. 9 | 0. 3 | 2. 3 | 2. 3 | 2 | 0. 06 | 0. 16 | 4 | 5 | 1 | 0. 61 |
| | 香菇(干) | 95 | 883 | 211 | 12. 3 | 20 | 1. 2 | 31. 6 | 30. 1 | 3 | 0. 19 | 1. 26 | 5 | 83 | 10. 5 | 8. 57 |
| | 银耳 | 96 | 837 | 200 | 14. 6 | 10 | 1. 4 | 30. 4 | 36. 9 | 8 | 0. 05 | 0. 25 | – | 36 | 4. 1 | 3. 03 |
| | 紫菜 | 100 | 866 | 207 | 12. 7 | 26. 7 | 1. 1 | 21. 6 | 22. 5 | 228 | 0. 27 | 1. 02 | 2 | 264 | 54. 9 | 2. 47 |
| 水果类 | 菠萝 | 68 | 172 | 41 | 88. 4 | 0. 5 | 0. 1 | 1. 3 | 9. 5 | 33 | 0. 04 | 0. 02 | 18 | 12 | 0. 6 | 0. 14 |
| | 草莓 | 97 | 126 | 30 | 91. 3 | 1 | 0. 2 | 1. 1 | 6 | 5 | 0. 02 | 0. 03 | 47 | 18 | 1. 8 | 0. 14 |
| | 橙 | 74 | 197 | 47 | 87. 4 | 0. 8 | 0. 2 | 0. 6 | 10. 5 | 27 | 0. 05 | 0. 04 | 33 | 20 | 0. 4 | 0. 14 |
| | 甘蔗汁 | 100 | 268 | 64 | 83. 1 | 0. 4 | 0. 1 | 0. 6 | 15. 4 | 2 | 0. 01 | 0. 02 | 2 | 14 | 0. 4 | 1 |
| | 梨 | 75 | 134 | 32 | 90 | 0. 4 | 0. 1 | 2 | 7. 3 | – | 0. 01 | 0. 04 | 1 | 11 | – | – |
| | 荔枝 | 73 | 293 | 70 | 81. 9 | 0. 9 | 0. 2 | 0. 5 | 16. 1 | 2 | 0. 1 | 0. 04 | 41 | 2 | 0. 4 | 0. 17 |
| | 桂圆 | 50 | 293 | 70 | 81. 4 | 1. 2 | 0. 1 | 0. 4 | 16. 2 | 3 | 0. 01 | 0. 14 | 43 | 6 | 0. 2 | 0. 4 |
| | 芒果 | 60 | 134 | 32 | 90. 6 | 0. 6 | 0. 2 | 1. 3 | 7 | 1342 | 0. 01 | 0. 04 | 23 | 微量 | 0. 2 | 0. 09 |
| | 中华猕猴桃 | 83 | 234 | 56 | 83. 4 | 0. 8 | 0. 6 | 2. 6 | 11. 9 | 22 | 0. 05 | 0. 02 | 62 | 27 | 1. 2 | 0. 57 |
| | 蜜橘 | 76 | 176 | 42 | 88. 2 | 0. 8 | 0. 4 | 1. 4 | 8. 9 | 277 | 0. 05 | 0. 04 | 19 | 19 | 0. 2 | 0. 1 |
| | 苹果 | 76 | 218 | 52 | 85. 9 | 0. 2 | 0. 2 | 1. 2 | 12. 3 | 3 | 0. 06 | 0. 02 | 4 | 4 | 0. 6 | 0. 19 |
| | 葡萄 | 86 | 180 | 43 | 88. 7 | 0. 5 | 0. 2 | 0. 4 | 9. 9 | 8 | 0. 04 | 0. 02 | 25 | 5 | 0. 4 | 0. 18 |
| | 柿 | 87 | 297 | 71 | 80. 6 | 0. 4 | 0. 1 | 1. 4 | 17. 1 | 20 | 0. 02 | 0. 02 | 30 | 9 | 0. 2 | 0. 08 |
| | 酸枣 | 52 | 1163 | 278 | 18. 3 | 3. 5 | 1. 5 | 10. 6 | 62. 7 | – | 0. 01 | 0. 02 | 900 | 435 | 6. 6 | 0. 68 |
| | 桃 | 86 | 201 | 48 | 86. 4 | 0. 9 | 0. 1 | 1. 3 | 10. 9 | 3 | 0. 01 | 0. 03 | 7 | 6 | 0. 8 | 0. 34 |
| | 香蕉 | 59 | 381 | 91 | 75. 8 | 1. 4 | 0. 2 | 1. 2 | 20. 8 | 10 | 0. 02 | 0. 04 | 8 | 7 | 0. 4 | 0. 18 |

续表

| 食物类别 | 食物名称 | 食部 | 能量 | | 水分 | 蛋白质 | 脂肪 | 膳食纤维 | 糖类 | 视黄醇当量 | 硫胺素 | 核黄素 | 抗坏血酸 | 钙 | 铁 | 锌 |
|---|---|---|---|---|---|---|---|---|---|---|---|---|---|---|---|---|
| | | g | kJ | kcal | g | g | g | g | g | μg | mg | mg | mg | mg | mg | mg |
| 水果类 | 杏 | 91 | 151 | 36 | 89.4 | 0.9 | 0.1 | 1.3 | 7.8 | 75 | 0.02 | 0.03 | 4 | 14 | 0.6 | 0.2 |
| | 鸭梨 | 82 | 180 | 43 | 88.3 | 0.2 | 0.2 | 1.1 | 10 | 2 | 0.03 | 0.03 | 4 | 4 | 0.9 | 0.1 |
| | 樱桃 | 80 | 192 | 46 | 88 | 1.1 | 0.2 | 0.3 | 9.9 | 35 | 0.02 | 0.02 | 10 | 11 | 0.4 | 0.23 |
| | 枣 | 87 | 510 | 122 | 67.2 | 1.1 | 0.3 | 1.9 | 28.6 | 40 | 0.06 | 0.09 | 243 | 22 | 1.2 | 1.52 |
| | 枣(干) | 80 | 1105 | 264 | 26.9 | 3.2 | 0.5 | 6.2 | 61.6 | 2 | 0.04 | 0.16 | 14 | 64 | 2.3 | 0.65 |
| | 哈密瓜 | 71 | 142 | 34 | 91 | 0.5 | 0.1 | 0.2 | 7.7 | 153 | – | 0.01 | 12 | 4 | – | 0.13 |
| | 西瓜 | 56 | 105 | 25 | 93.3 | 0.6 | 0.1 | 0.3 | 5.5 | 75 | 0.02 | 0.03 | 6 | 8 | 0.3 | 0.1 |
| 坚果类 | 核桃(干) | 43 | 2623 | 627 | 5.2 | 14.9 | 58.8 | 9.5 | 9.6 | – | 0.15 | 0.14 | 1 | 56 | 2.7 | 2.17 |
| | 花生(炒) | 71 | 2464 | 589 | 4.1 | 21.9 | 48 | 6.3 | 17.3 | 10 | 0.13 | 0.12 | – | 47 | 1.5 | 2.03 |
| | 栗子 | 80 | 774 | 185 | 52 | 4.2 | 0.7 | 1.7 | 40.5 | 32 | 0.14 | 0.17 | 24 | 17 | 1.1 | 0.57 |
| | 南瓜子(炒) | 68 | 2402 | 574 | 4.1 | 36 | 46.1 | 4.1 | 3.8 | – | 0.08 | 0.16 | – | 37 | 6.5 | 7.12 |
| | 松子仁 | 100 | 2920 | 698 | 0.8 | 13.4 | 70.6 | 10 | 2.2 | 2 | 0.19 | 0.25 | – | 78 | 4.3 | 4.61 |
| | 西瓜子(炒) | 43 | 2397 | 573 | 4.3 | 32.7 | 44.8 | 4.5 | 9.7 | – | 0.04 | 0.08 | – | 28 | 8.2 | 6.76 |
| | 葵花子(炒) | 52 | 2577 | 616 | 2 | 22.6 | 52.8 | 4.8 | 12.5 | 5 | 0.43 | 0.26 | – | 72 | 6.1 | 5.91 |
| | 杏仁 | 100 | 2149 | 514 | 5.6 | 24.7 | 44.8 | 19.2 | 2.9 | – | 0.08 | 1.25 | 26 | 71 | 1.3 | 3.64 |
| | 榛子(干) | 27 | 2268 | 542 | 7.4 | 20 | 44.8 | 9.6 | 14.7 | 8 | 0.62 | 0.14 | – | 104 | 6.4 | 5.83 |
| 畜、禽肉类及其肉制品 | 狗肉 | 80 | 485 | 116 | 76 | 16.8 | 4.6 | – | 1.8 | 157 | 0.34 | 0.2 | – | 52 | 2.9 | 3.18 |
| | 驴肉(瘦) | 100 | 485 | 116 | 73.8 | 21.5 | 3.2 | – | 0.4 | 72 | 0.03 | 0.16 | – | 2 | 4.3 | 4.26 |
| | 羊肚 | 100 | 364 | 87 | 81.7 | 12.2 | 3.4 | – | 1.8 | 23 | 0.03 | 0.17 | – | 38 | 1.4 | 2.61 |
| | 羊肝 | 100 | 561 | 124 | 69.7 | 17.9 | 3.6 | – | 7.4 | 20 972 | 0.21 | 1.75 | – | 8 | 7.5 | 3.45 |
| | 羊肉(肥瘦) | 90 | 848 | 203 | 65.7 | 19 | 14.1 | – | 0 | 22 | 0.05 | 0.14 | – | 6 | 2.3 | 3.22 |
| | 羊肉(瘦) | 90 | 494 | 118 | 74.2 | 20.5 | 3.9 | – | 0.2 | 11 | 0.15 | 0.16 | – | 9 | 3.9 | 6.06 |
| | 羊肉串(烤) | 100 | 863 | 206 | 58.7 | 26 | 10.3 | – | 2.4 | 52 | 0.04 | 0.15 | – | 4 | 8.5 | 2.28 |
| | 羊肉串(炸) | 100 | 908 | 217 | 57.4 | 18.3 | 11.5 | – | 10 | 40 | 0.04 | 0.41 | – | 38 | 4.2 | 3.84 |
| | 咖哩牛肉干 | 100 | 1364 | 325 | 13.3 | 45.9 | 2.7 | – | 29.5 | 86 | 0.01 | 0.27 | 0 | 65 | 18.3 | 7.6 |
| | 牛肉(肥瘦) | 100 | 807 | 193 | 67.4 | 18.1 | 13.4 | – | 0 | 9 | 0.03 | 0.11 | – | 8 | 3.2 | 3.67 |
| | 牛肉(瘦) | 100 | 444 | 106 | 75.2 | 20.2 | 2.3 | – | 1.2 | 6 | 0.07 | 0.13 | – | 9 | 2.8 | 3.71 |

续表

| 食物类别 | 食物名称 | 食部 | 能量 | | 水分 | 蛋白质 | 脂肪 | 膳食纤维 | 糖类 | 视黄醇当量 | 硫胺素 | 核黄素 | 抗坏血酸 | 钙 | 铁 | 锌 |
|---|---|---|---|---|---|---|---|---|---|---|---|---|---|---|---|---|
| | | g | kJ | kcal | g | g | g | g | g | μg | mg | mg | mg | mg | mg | mg |
| 畜、禽肉类及其肉制品 | 兔肉 | 100 | 427 | 102 | 76. 2 | 19. 7 | 2. 2 | – | 0. 9 | 212 | 0. 11 | 0. 1 | – | 12 | 2 | 1. 3 |
| | 叉烧肉 | 100 | 1167 | 279 | 49. 2 | 23. 8 | 16. 9 | – | 7. 9 | 16 | 0. 66 | 0. 23 | – | 8 | 2. 6 | 2. 42 |
| | 腊肉(培根) | 100 | 757 | 181 | 63. 1 | 22. 3 | 9 | – | 2. 6 | – | 0. 9 | 0. 11 | – | 2 | 2. 4 | 2. 26 |
| | 香肠 | 100 | 2125 | 508 | 19. 2 | 24. 1 | 40. 7 | – | 11. 2 | – | 0. 48 | 0. 11 | – | 14 | 5. 8 | 7. 61 |
| | 猪肝 | 99 | 540 | 129 | 70. 7 | 19. 3 | 3. 5 | – | 5 | 4972 | 0. 21 | 2. 08 | 20 | 6 | 22. 6 | 5. 78 |
| | 猪肉(肥瘦) | 100 | 1654 | 395 | 46. 8 | 13. 2 | 37 | – | 6. 8 | 114 | 0. 22 | 0. 16 | – | 6 | 1. 6 | 2. 06 |
| | 猪肉(瘦) | 100 | 598 | 143 | 71 | 20. 3 | 6. 2 | – | 1. 5 | 44 | 0. 54 | 0. 1 | – | 6 | 3 | 2. 99 |
| | 猪肉松 | 100 | 1657 | 396 | 9. 4 | 23. 4 | 11. 5 | – | 49. 7 | 44 | 0. 04 | 0. 13 | – | 41 | 6. 4 | 4. 28 |
| | 猪肾 | 93 | 402 | 96 | 78. 8 | 15. 4 | 3. 2 | – | 1. 4 | 41 | 0. 31 | 1. 14 | 13 | 12 | 6. 1 | 2. 56 |
| | 猪蹄 | 60 | 1087 | 260 | 58. 2 | 22. 6 | 18. 8 | – | 0 | 3 | 0. 05 | 0. 1 | – | 33 | 1. 1 | 1. 14 |
| | 猪血 | 100 | 230 | 55 | 85. 8 | 12. 2 | 0. 3 | – | 0. 9 | – | 0. 03 | 0. 04 | – | 4 | 8. 7 | 0. 28 |
| | 鹌鹑 | 58 | 460 | 110 | 75. 1 | 20. 2 | 3. 1 | – | 0. 2 | 40 | 0. 04 | 0. 32 | – | 48 | 2. 3 | 1. 19 |
| | 肯德基(炸鸡) | 70 | 1167 | 279 | 49. 4 | 20. 3 | 17. 3 | – | 10. 5 | 23 | 0. 03 | 0. 17 | – | 109 | 2. 2 | 1. 66 |
| | 肉鸡(肥) | 74 | 1628 | 389 | 46. 1 | 16. 7 | 35. 4 | – | 0. 9 | 226 | 0. 07 | 0. 07 | – | 37 | 1. 7 | 1. 1 |
| | 土鸡 | 58 | 519 | 124 | 73. 5 | 20. 8 | 4. 5 | – | 0 | 64 | 0. 09 | 0. 08 | – | 9 | 2. 1 | 1. 06 |
| | 北京烤鸭 | 80 | 1824 | 436 | 38. 2 | 16. 6 | 38. 4 | – | 6 | 36 | 0. 04 | 0. 32 | – | 35 | 2. 4 | 1. 25 |
| 乳、蛋类 | 奶酪 | 100 | 1372 | 328 | 43. 5 | 25. 7 | 23. 5 | – | 3. 5 | 152 | 0. 06 | 0. 91 | – | 799 | 2. 4 | 6. 97 |
| | 奶油 | 100 | 3012 | 720 | 18 | 2. 5 | 78. 6 | – | 0. 7 | 1042 | – | 0. 05 | – | 1 | 0. 7 | 0. 12 |
| | 全脂牛乳粉 | 100 | 2000 | 478 | 2. 3 | 20. 1 | 21. 2 | – | 51. 7 | 141 | 0. 11 | 0. 73 | 4 | 676 | 1. 2 | 3. 14 |
| | 炼乳 | 100 | 1389 | 332 | 26. 2 | 8 | 8. 7 | – | 55. 4 | 41 | 0. 03 | 0. 16 | 2 | 242 | 0. 4 | 1. 53 |
| | 牛乳 | 100 | 226 | 54 | 89. 8 | 3 | 3. 2 | – | 3. 4 | 24 | 0. 03 | 0. 14 | 1 | 104 | 0. 3 | 0. 42 |
| | 酸奶 | 100 | 301 | 72 | 84. 7 | 2. 5 | 2. 7 | – | 9. 3 | 26 | 0. 03 | 0. 15 | 1 | 118 | 0. 4 | 0. 53 |
| | 红皮鸡蛋 | 88 | 653 | 156 | 73. 8 | 12. 8 | 11. 1 | – | 1. 3 | 194 | 0. 13 | 0. 32 | – | 444 | 2. 3 | 1. 01 |
| | 松花蛋(鸭) | 90 | 715 | 171 | 68. 4 | 14. 2 | 10. 7 | – | 4. 5 | 215 | 0. 06 | 0. 18 | – | 63 | 3. 3 | 1. 48 |
| | 鸭蛋 | 87 | 753 | 180 | 70. 3 | 12. 6 | 13 | – | 3. 1 | 261 | 0. 17 | 0. 35 | – | 62 | 2. 9 | 1. 67 |
| | 鸭蛋(咸) | 88 | 795 | 190 | 61. 3 | 12. 7 | 12. 7 | – | 6. 3 | 134 | 0. 16 | 0. 33 | – | 118 | 3. 6 | 1. 74 |

续表

| 食物类别 | 食物名称 | 食部 | 能量 | | 水分 | 蛋白质 | 脂肪 | 膳食纤维 | 糖类 | 视黄醇当量 | 硫胺素 | 核黄素 | 抗坏血酸 | 钙 | 铁 | 锌 |
|---|---|---|---|---|---|---|---|---|---|---|---|---|---|---|---|---|
| | | g | kJ | kcal | g | g | g | g | g | μg | mg | mg | mg | mg | mg | mg |
| 鱼及海产品 | 鳊鱼 | 59 | 565 | 135 | 73. 1 | 18. 3 | 6. 3 | – | 1. 2 | 28 | 0. 02 | 0. 07 | – | 89 | 0. 7 | 0. 89 |
| | 草鱼 | 58 | 472 | 113 | 77. 3 | 16. 6 | 5. 2 | – | 0 | 11 | 0. 04 | 0. 11 | – | 38 | 0. 8 | 0. 87 |
| | 大黄鱼 | 66 | 402 | 96 | 77. 7 | 17. 7 | 2. 5 | – | 0. 8 | 10 | 0. 03 | 0. 1 | – | 53 | 0. 7 | 0. 58 |
| | 带鱼 | 76 | 531 | 127 | 73. 3 | 17. 7 | 4. 9 | – | 3. 1 | 29 | 0. 02 | 0. 06 | – | 28 | 1. 2 | 0. 7 |
| | 鲫鱼 | 54 | 452 | 108 | 75. 4 | 17. 1 | 2. 7 | – | 3. 8 | 17 | 0. 04 | 0. 09 | – | 79 | 1. 3 | 1. 94 |
| | 鲢鱼 | 61 | 433 | 104 | 77. 4 | 17. 8 | 3. 6 | – | 0 | 20 | 0. 03 | 0. 07 | – | 53 | 1. 4 | 1. 17 |
| | 鲈鱼 | 58 | 439 | 105 | 76. 5 | 18. 6 | 3. 4 | – | 0 | 19 | 0. 03 | 0. 17 | – | 138 | 2 | 2. 83 |
| | 泥鳅 | 60 | 402 | 96 | 76. 6 | 17. 9 | 2 | – | 1. 7 | 14 | 0. 1 | 0. 33 | – | 299 | 2. 9 | 2. 76 |
| | 青鱼 | 63 | 485 | 120 | 73. 9 | 20. 1 | 4. 2 | – | 0. 2 | 42 | 0. 03 | 0. 07 | – | 31 | 0. 9 | 0. 96 |
| | 沙丁鱼 | 67 | 376 | 99 | 78 | 19. 8 | 1. 1 | – | 0 | – | 0. 01 | 0. 03 | – | 184 | 1. 4 | 0. 16 |
| | 黄鳝 | 67 | 372 | 89 | 78 | 18 | 1. 4 | – | 1. 2 | 50 | 0. 06 | 0. 98 | – | 42 | 2. 5 | 1. 97 |
| | 海蜇皮 | 100 | 137 | 33 | 76. 5 | 3. 7 | 0. 3 | – | 3. 8 | – | 0. 03 | 0. 05 | – | 150 | 4. 8 | 0. 55 |
| | 螺蛳 | 37 | 248 | 59 | 83. 3 | 7. 5 | 0. 6 | – | 6 | – | 微量 | 0. 28 | – | 156 | 1. 41 | 0. 2 |
| | 牡蛎 | 100 | 305 | 73 | 82 | 5. 3 | 2. 1 | – | 8. 2 | 27 | 0. 01 | 0. 13 | – | 131 | 7. 1 | 9. 39 |
| | 基围虾 | 60 | 423 | 101 | 75. 2 | 18. 2 | 1. 4 | – | 3. 9 | 微量 | 0. 03 | 0. 06 | – | 36 | 2. 9 | 1. 55 |
| | 河蟹 | 42 | 431 | 103 | 75. 8 | 17. 5 | 2. 6 | – | 2. 3 | 389 | 0. 06 | 0. 28 | – | 126 | 2. 9 | 3. 68 |
| | 龙虾 | 46 | 377 | 90 | 77. 6 | 18. 9 | 1. 1 | – | 1 | – | 微量 | 0. 03 | – | 21 | 1. 3 | 2. 79 |
| | 虾皮 | 100 | 640 | 153 | 42. 4 | 30. 7 | 2. 2 | – | 2. 5 | 19 | 0. 02 | 0. 14 | – | 991 | 6. 7 | 1. 93 |
| 油脂类 | 牛油 | 100 | 3494 | 835 | 6. 2 | – | 92 | – | 1. 8 | 54 | – | – | – | 9 | 3 | 0. 79 |
| | 羊油(炼) | 100 | 3745 | 895 | 0. 1 | 0. 3 | 99 | – | 0. 9 | – | – | – | – | – | – | – |
| | 猪油(炼) | 100 | 3753 | 897 | 5. 3 | – | 99. 6 | – | 0. 2 | 27 | 0. 02 | 0. 03 | – | – | – | – |
| | 芝麻(白) | 100 | 2163 | 517 | 0. 1 | 18. 4 | 39. 6 | 9. 8 | 21. 7 | – | 0. 36 | 0. 26 | – | 620 | 14. 1 | 4. 21 |
| | 花生油 | 100 | 3761 | 899 | 微量 | – | 99. 9 | – | 0 | – | – | 微量 | – | 12 | 2. 9 | 0. 48 |
| | 葵花籽油 | 100 | 3761 | 899 | 0. 1 | – | 99. 9 | – | 0 | – | – | – | – | 2 | 1 | 0. 11 |
| | 玉米油 | 100 | 3745 | 895 | 0. 2 | – | 99. 2 | – | 0. 5 | – | – | – | – | 1 | 1. 4 | 0. 26 |
| | 芝麻油 | 100 | 3757 | 898 | 0. 1 | – | 99. 7 | – | 0. 2 | – | – | – | – | 9 | 2. 2 | 0. 17 |

续表

| 食物类别 | 食物名称 | 食部 | 能量 | | 水分 | 蛋白质 | 脂肪 | 膳食纤维 | 糖类 | 视黄醇当量 | 硫胺素 | 核黄素 | 抗坏血酸 | 钙 | 铁 | 锌 |
|---|---|---|---|---|---|---|---|---|---|---|---|---|---|---|---|---|
| | | g | kJ | kcal | g | g | g | g | g | μg | mg | mg | mg | mg | mg | mg |
| 糕点及小吃类 | 饼干 | 100 | 1812 | 433 | 5.7 | 9 | 12.7 | 1.1 | 70.6 | 37 | 0.08 | 0.04 | 3 | 73 | 1.9 | 0.91 |
| | 曲奇饼 | 100 | 2284 | 546 | 1.9 | 6.5 | 31.6 | 0.2 | 58.9 | – | 0.06 | 0.06 | – | 45 | 1.9 | 0.31 |
| | 绿豆糕 | 100 | 1460 | 349 | 11.5 | 12.8 | 1 | 1.2 | 72.2 | 47 | 0.23 | 0.02 | 0 | 24 | 7.3 | 1.04 |
| | 米花糖 | 100 | 1607 | 384 | 7.3 | 3.1 | 3.3 | 0.3 | 85.5 | – | 0.05 | 0.09 | – | 144 | 5.4 | – |
| | 蛋糕 | 100 | 1452 | 347 | 18.6 | 8.6 | 5.1 | 0.4 | 66.7 | 86 | 0.09 | 0.09 | 1 | 39 | 2.5 | 1.01 |
| | 月饼(豆沙) | 100 | 1695 | 405 | 11.7 | 8.2 | 13.6 | 3.1 | 62.5 | 7 | 0.05 | 0.05 | 0 | 64 | 3.1 | 0.64 |
| | 奶油面包 | 100 | 1201 | 287 | 28.2 | 8.4 | 1.1 | 0.4 | 60.1 | 20 | 0.05 | 0.06 | 0 | 9 | 3 | 0.8 |
| | 咸面包 | 100 | 1146 | 274 | 34.1 | 9.2 | 3.9 | 0.5 | 50.5 | – | 0.02 | 0.01 | 0 | 89 | 2.8 | 0.81 |
| | 烧麦 | 100 | 996 | 238 | 51 | 9.2 | 11 | 2.3 | 25.6 | – | 0.07 | 0.07 | 0 | 10 | 2.1 | 1.09 |
| | 凉粉(带调料) | 100 | 209 | 50 | 87.8 | 0.3 | 0.5 | 0.1 | 11.2 | – | – | – | 0 | 9 | 0.8 | 0.21 |
| | 麻花 | 100 | 2192 | 524 | 6 | 8.3 | 31.5 | 1.5 | 51.9 | – | 0.05 | 0.01 | 0 | 26 | – | 3.06 |
| | 热干面 | 100 | 636 | 152 | 63 | 4.2 | 2.4 | 0.2 | 28.5 | – | 微量 | 微量 | – | 67 | 2.8 | – |
| | 烧饼 | 100 | 1364 | 326 | 27.3 | 11.5 | 9.9 | 2.5 | 47.6 | – | 0.03 | 0.01 | 0 | 40 | 6.9 | 1.39 |
| 饮料、糖、调味品类 | 绿茶 | 100 | 1238 | 296 | 7.5 | 34.2 | 2.3 | 15.6 | 34.7 | 967 | 0.02 | 0.35 | 19 | 325 | 14.4 | 4.34 |
| | 可可粉 | 100 | 1339 | 330 | 7.5 | 24.6 | 8.4 | 14.3 | 35.5 | 22 | 0.05 | 0.16 | – | 74 | 1 | 1.12 |
| | 橘子汁 | 100 | 498 | 119 | 70.1 | – | 0.1 | – | 29.6 | 2 | – | – | 2 | 4 | 0.1 | 0.03 |
| | 冰棍 | 100 | 197 | 47 | 88.3 | 0.8 | 0.2 | – | 10.5 | – | 0.01 | 0.01 | – | 31 | 0.9 | – |
| | 冰淇淋 | 100 | 527 | 126 | 74.4 | 2.4 | 5.3 | – | 17.3 | 48 | 0.01 | 0.03 | – | 126 | 0.5 | 0.37 |
| | 蜂蜜 | 100 | 1343 | 321 | 22 | 0.4 | 1.9 | – | 75.6 | – | – | 0.05 | 3 | 4 | 1 | 0.37 |
| | 巧克力 | 100 | 2452 | 586 | 1 | 4.3 | 40.1 | 1.5 | 51.9 | – | 0.06 | 0.08 | – | 111 | 1.7 | 1.02 |
| | 白砂糖 | 100 | 1674 | 400 | 微量 | – | – | – | 99.9 | – | – | – | – | 20 | 0.6 | 0.06 |
| | 冰糖 | 100 | 1661 | 397 | 0.6 | – | – | – | 99.3 | – | 0.01 | 微量 | 0 | 6 | 0.8 | 0.21 |
| | 红糖 | 100 | 1628 | 389 | 1.9 | 0.7 | – | – | 96.6 | – | 0.01 | – | – | 157 | 2.2 | 0.35 |
| | 藕粉 | 100 | 1556 | 372 | 6.4 | 0.2 | – | 0.1 | 92.9 | – | – | 0.01 | – | 8 | 17.9 | 0.15 |
| | 粉皮 | 100 | 255 | 61 | 84.3 | 0.2 | 0.3 | 0.6 | 14.4 | – | 0.03 | 0.01 | – | 5 | 0.5 | 0.27 |
| | 粉丝 | 100 | 14.2 | 335 | 15 | 0.8 | 0.2 | 1.1 | 82.6 | – | 0.03 | 0.02 | – | 31 | 6.4 | 0.27 |
| | 芝麻酱 | 100 | 2586 | 618 | 0.3 | 19.2 | 52.7 | 5.9 | 16.8 | 17 | 0.16 | 0.22 | – | 1170 | 50.3 | 4.01 |

续表

| 食物类别 | 食物名称 | 食部 | 能量 | | 水分 | 蛋白质 | 脂肪 | 膳食纤维 | 糖类 | 视黄醇当量 | 硫胺素 | 核黄素 | 抗坏血酸 | 钙 | 铁 | 锌 |
|---|---|---|---|---|---|---|---|---|---|---|---|---|---|---|---|---|
| | | g | kJ | kcal | g | g | g | g | g | μg | mg | mg | mg | mg | mg | mg |
| 饮料、糖、调味品 | 香醋 | 10 | 285 | 68 | 79.9 | 3.8 | 0.1 | – | 13 | – | – | 0.04 | – | 105 | 5.2 | 0.3 |
| | 酱油(淡) | 100 | 264 | 63 | 67.3 | 5.6 | 0.1 | 0.2 | 9.9 | – | 0.01 | 0.05 | – | 30 | 3 | 1.12 |
| | 花椒 | 100 | 1079 | 258 | 11 | 6.7 | 8.9 | 28.7 | 37.8 | 23 | 0.28 | 0.35 | – | 979 | 27.5 | 1.87 |
| | 胡椒粉 | 100 | 1494 | 357 | 10.2 | 9.6 | 2.2 | 2.3 | 74.6 | 10 | 0.12 | 0.28 | – | 41 | 6.3 | 0.62 |
| | 味精 | 100 | 678 | 162 | 0.2 | 40.1 | 0.2 | 0 | 0 | – | – | – | – | – | – | – |
| | 精盐 | 100 | 0 | 0 | 0.1 | 0 | 0 | 0 | 0 | – | – | – | – | 22 | 1 | 0.24 |

摘自《食物营养成分速查》

# 附录C 中国居民平衡膳食宝塔(2016)

| | |
|---|---|
| 盐 | <6g |
| 油 | 25~30g |
| 奶及奶制品 | 300g |
| 大豆及坚果类 | 25~35g |
| 畜禽肉 | 40~75g |
| 水产品 | 40~75g |
| 蛋类 | 40~50g |
| 蔬菜类 | 300~500g |
| 水果类 | 200~350g |
| 谷薯类 | 250~400g |
| 全谷物和杂豆 | 50~150g |
| 薯类 | 50~100g |
| 水 | 1500~1700ml |

# 《营养与膳食指导》数字化辅助教学资料

一、网络教学资料

1. 网址 www.ecsponline.com/topic.php? topic_id=29

2. 内容

(1)教学大纲及学时安排

(2)教学用 PPT 课件

二、手机版数字化辅助学习资料

1. 网址(二维码)

2. 内容

(1)知识点/考点标注

(2)练习题:每本教材一套,含问答题、填空题、选择题等多种形式

(3)模拟试卷

三、相关选择题答案

第 1 章　绪论

无选择题

第 2 章　营养学基础

1. C　2. B　3. D　4. C　5. B　6. B　7. C　8. A　9. C　10. B　11. D　12. B　13. A　14. C　15. D　16. D　17. D　18. D　19. C　20. A　21. D　22. D　23. B　24. B　25. B　26. A　27. B　28. C　29. D　30. A　31. C　32. A　33. A　34. A　35. B　36. C　37. B　38. B　39. D　40. B　41. A　42. C　43. D　44. C　45. B　46. B　47. C　48. C　49. C　50. D

第 3 章　各类食物的营养价值

1. A　2. A　3. B　4. E　5. C　6. B　7. D　8. B　9. A　10. C　11. ABCE　12. B　13. D　14. B　15. A

第 4 章　合理营养

1. D　2. D　3. B　4. A　5. D　6. C　7. C　8. E　9. C

第 5 章　食品科学与安全食品

1. C　2. A　3. C　4. B　5. E　6. D　7. A

第 6 章　特定人群的营养与膳食

1. C　2. C　3. A　4. D　5. D　6. B　7. C　8. E　9. D　10. D　11. C　12. D　13. A

第 7 章　特殊环境作业人群的营养与膳食

1. C　2. ABCD　3. BD　4. AD

第 8 章　常见疾病的营养与膳食指导

1. C　2. B　3. C　4. E　5. B　6. D　7. A　8. D　9. E　10. B　11. D　12. A　13. E　14. C